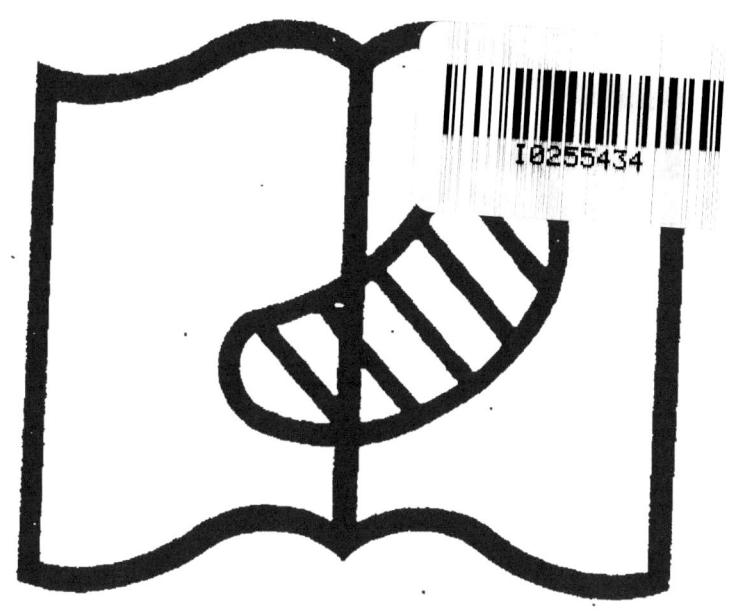

Original illisible

NF Z 43-120-10

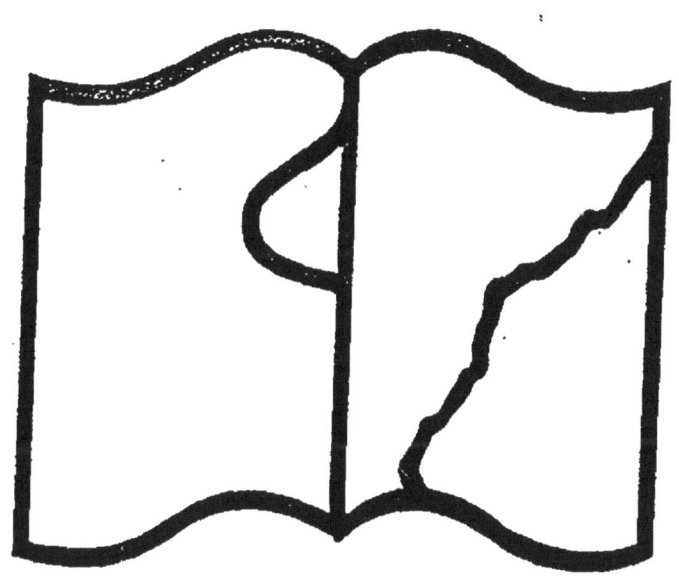

Texte détérioré — reliure défectueuse

NF Z 43-120-11

"VALABLE POUR TOUT OU PARTIE DU DOCUMENT REPRODUIT".

O^3_{70}

O^3_{70}

O_{1500}
c.4

HISTOIRE COMPLÈTE

DES

VOYAGES ET DÉCOUVERTES

EN AFRIQUE.

HISTOIRE COMPLÈTE

DES

VOYAGES ET DÉCOUVERTES
EN AFRIQUE,

DEPUIS LES SIÈCLES LES PLUS RECULÉS JUSQU'A NOS JOURS;

ACCOMPAGNÉE

D'un Précis géographique sur ce continent et les Iles qui l'environnent; de Notices sur l'état physique, moral et politique des divers peuples qui l'habitent, et d'un Tableau de son Histoire naturelle; par le D^r. LEYDEN et M. HUGH MURRAY; traduite de l'Anglais et augmentée de toutes les découvertes faites jusqu'à ce jour;

PAR M. A. C.,
S. du S. de F.

AVEC UN ATLAS IN-4°., COMPOSÉ DE LA CARTE GÉNÉRALE DE L'AFRIQUE ET DE SIX AUTRES CARTES.

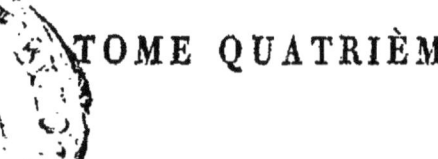

TOME QUATRIÈME.

A PARIS,
CHEZ ARTHUS BERTRAND, LIBRAIRE,
RUE HAUTEFEUILLE, n°. 23.

1821.

HISTOIRE DES VOYAGES ET DÉCOUVERTES EN AFRIQUE.

CHAPITRE PREMIER.

Expédition au Zaïre.

Introduction. — Capitaine *Tuckey*. — Départ. — Arrivée à *Malemba*. — Entrée dans le *Zaïre*. — Pointe *Requin*. — Voyage sur le fleuve. — *Embomma*. — *Noki*. — Cataractes. — Trajet par terre. — *Inga*. — *Mavounda-Bouya*. — Retour. — Catastrophe.

On ne saurait disconvenir que la Grande-Bretagne, depuis qu'elle s'est lancée dans la carrière maritime, a toujours pris une part très-active à l'exploration des régions écartées du globe. On ne peut même réfléchir, sans un sentiment d'admiration, à son infatigable persévérance dans les efforts qu'elle fait depuis plus de deux siècles, tant au nord qu'au sud, pour compléter nos connaissances géographiques. Le règne de Georges III surtout serait éternellement célèbre sous ce rapport, quand il n'aurait aucun titre à la gloire. Depuis l'amiral Anson, dont la dernière expédition militaire appartient à cette époque, que de voyages autour du monde, que d'explorations lointaines et difficiles, que de tentatives dans des mers inconnues ou hérissées d'écueils, dans des déserts brûlans ou glacés, dans des contrées inhospitalières, et chez des peuples dont le nom n'était pas encore parvenu jusqu'à nous! Les Anglais y trouvent leur utilité, répondra-t-on : mais, depuis quand la gloire est-elle attachée aux entreprises inutiles? Le bien-être des peuples qu'il gouverne, n'est-il pas le premier et le plus louable motif d'un souverain dans les dépenses qu'il fait, dans les expéditions qu'il médite? D'ailleurs, les Anglais profitent-ils seuls des avantages de leurs découvertes? Gardent-ils pour eux seuls les connaissances qu'ils ont acquises au prix d'immenses dépenses, de travaux et de dangers de toute espèce? Non ; ils n'ont point cette étroite politique : à peine ont-ils débarqué sur le sol paternel, que leurs presses libérales répandent, sur toute la surface éclairée du globe, les relations curieuses, instructives, ou du moins amusantes, de leurs aventures, de leurs périls, de leurs observations, de leurs succès. Ils n'enfouissent pas, à l'instar de quelques autres nations, avec une jalouse inquiétude, dans des archives poudreuses, pour les y dérober à toute la terre, les découvertes que le hasard ou une heureuse position leur a permis de faire. Tandis que l'Angleterre veut ouvrir à l'Europe l'intérieur de l'Afrique, et lui révéler les mystères géographiques qu'il recèle, des Européens, établis sur les deux rives du Zaïre et dans tout le Congo, possèdent des connaissances dont ils sont avares, et pourraient nous donner une foule de renseignemens qui applaniraient les obstacles et diminueraient les dangers des expéditions. Charpentier-Cossigny (1) nous apprend qu'une caravane part tous les ans de Guiloa, et se rend à la côte occidentale,

---

(1) Moyens d'amélioration des Colonies, III, 269.

en traversant à pied toute la largeur de l'Afrique, et M. Salt, pendant son séjour à Mozambique, s'est assuré qu'il existait de fréquentes communications entre la mer des Indes et le Congo. Or, si les voyages de ces caravanes ou cafilehs nous étaient connus, nous saurions vraisemblablement quel est le cours du Zaïre, quels sont ses affluens; nous saurions si sa principale branche vient du nord, de l'est ou du sud; et nous aurions depuis longtemps la solution d'un grand problème géographique. Mais il est des hommes qui semblent toujours voyager sur le Léthé; aucune de leurs découvertes ne se montre à la lumière, et ils gardent pour eux seuls les connaissances dont ils ne savent pas profiter. Au moins, n'est-ce pas aux Anglais que l'on peut faire ce reproche : quelque infructueuse qu'ait été une expédition, ils en publient les détails comme pour prémunir les autres peuples contre les dangers de l'entreprise.

C'est l'opinion émise à la fin du volume précédent et adoptée par l'amirauté de Londres qui a fait naître à M. Barrow l'idée d'une expédition scientifique aussi remarquable par l'intérêt qu'y prit toute l'Europe, et par les résultats qu'on s'en était promis, que par la funeste catastrophe qui la termina. Il s'agissait de vérifier, par un nouveau chemin, le cours du trop fameux Joliba ou *Niger*, de constater son identité avec le fleuve que nous nommons *Zaïre* ou Congo, et qui est désigné dans le pays par les mots *Moienzi-enzaddi*, ou *rivière qui engloutit toutes les autres*.

Ce fut M. Barrow qui dressa le plan du voyage, et rédigea les instructions. Le commandement de l'expédition fut confié au capitaine *Tuckey*, hydrographe très-instruit et marin expérimenté. On lui adjoignit le lieutenant *Hawkey*, excellent dessinateur, ainsi que MM. *Fitz Maurice* et *Hodder*, l'un et l'autre officiers de mérite. Parmi les savans qui l'accompagnèrent, nous citerons le docteur *Smith*, botaniste danois, qui avait déjà parcouru la Norvège, les îles Britanniques, visité Madère et les Canaries ; le zoologue *Cranch*, l'anatomiste *Tudor*, et M. *Galwey*, un ami particulier de Tuckey. L'équipage, y compris les officiers, était composé de cinquante-un hommes ; il y avait dans le nombre quatre charpentiers et deux forgerons. D'après l'idée de Joseph Banks, on avait voulu faire construire, par MM. Watt et Bolton, un bateau à vapeur de cent tonneaux, afin que l'expédition pût plus aisément surmonter le courant à l'embouchure du Zaïre et remonter le fleuve ; mais, voyant que, par quelque vice de construction, ce bâtiment ne servirait qu'à l'embarrasser, Tuckey fit enlever la machine, et garda le bateau qui prit le nom de Congo, et fut accompagné par le Dorothée, vaisseau de transport de trois cent cinquante tonneaux.

L'expédition quitta Deptford le 16 février 1816, fut arrêtée dans la Manche plus d'un mois, par des vents contraires et par divers accidens, et relâcha à Porto-Praya, dans Sant Jago, l'une des îles du Cap-Vert, depuis le 2 jusqu'au 19 avril. Le trajet ultérieur fut long et fort ennuyeux, parce que les bâtimens serraient trop la terre, et se privaient ainsi des vents du large. Tuckey reconnut à cette occasion que toute la côte, depuis le cap Lopez jusqu'au cap Padron, est placée beaucoup trop à l'ouest dans les cartes les plus modernes. Au lieu de deux rivières appelées Cacongo et Laongo-Luisa, il n'en trouva qu'une à la position qu'on assigne à la première, et portant le nom de la seconde. Le 30 juin, l'expédition jeta l'ancre près la pointe Malambe, et plusieurs canots arrivèrent de la côte. Le maître d'un des plus avancés dit qu'il était un homme de qualité, qu'il se nommait Tom Liverpool, et il annonça l'approche du *Mafouk* ou courtier du roi, titre qui, dans cette partie d'Afrique, équivaut à celui de premier ministre. Ce grand personnage ne tarda pas à paraître avec son secrétaire. Croyant que l'expédition venait faire la traite, ils débutèrent par assurer qu'ils avaient un bel et grand assortiment d'esclaves. On eut beaucoup de peine à les détromper. Convaincus enfin que leur marchandise ne pouvait trouver de débit, ils se mirent à pester contre les têtes couronnées de l'Europe, et particulièrement contre le roi d'Angleterre qu'ils appelèrent un diable, en déclarant que leur ville était presque ruinée par la cessation de ce commerce. Le mafouk était vêtu d'une veste de drap rouge très-fin, et son secrétaire, d'ailleurs nu, d'un habit d'uniforme de général anglais. Tous ces Nègres étaient parés d'une manière fort grotesque : leur ornement favori consistait en colliers de soies d'éléphans, dont quelques-uns avaient une si grande quantité sur eux qu'ils pouvaient à peine mouvoir la tête. Ils étaient en outre chargés des objets les plus hétérogènes qu'ils portaient en guise de fétiches ou talismans, tels que morceaux de coquillages, cornes, pierres, bois, chiffons, os de singe, etc. Le mafouk avait quelques figures grossièrement sculptées d'un genre un peu indécent, mais offrant cette particularité remarquable que les traits étaient égyptiens et non nègres. Après avoir donné cours à sa colère, le ministre changea de matière, et annonça qu'il avait l'intention de rester à bord toute la nuit, pour jouir plus longtemps de la société des Anglais. On savait que le charme de la conversation devait être exhaussé par une bouteille d'eau de vie ; mais, au grand déplaisir des Anglais, le mafouk y prit tellement goût qu'il ne quitta pas le bâtiment pendant cinq jours consécutifs. Enfin une brise s'étant élevée, les Nègres furent obligés, quoique à regret, de s'en retourner à la côte et de débarrasser ainsi les Anglais de leur présence.

Les bâtimens avançaient lentement vers le nord jusqu'au 5. Alors, passant tout-à-coup de dix-huit brasses à un endroit où une sonde de cent-cinquante brasses ne trouvait pas de fond, ils jugèrent qu'ils étaient dans le profond canal du Zaïre. Ils n'eurent pas d'autre alternative que de le traverser pour atteindre l'autre côté du canal. Après une heure de navigation par un vent favorable, ils se retrouvèrent subitement devant la pointe Requin à vingt-trois brasses d'eau. Le mafouk de cette place ne tarda pas à les importuner. C'était un homme de mauvaise mine, sale et déguenillé; il n'avait pour tout vêtement que les débris d'un manteau de velours rouge bordé de galons d'or. Malgré son extérieur triste, il annonçait de hautes prétentions, et semblait se croire l'égal, en dignité, des plus grands monarques. Il se montra très-mécontent de la manière dont on le reçut à bord; on lui avait cependant présenté une chaise avec un coussin sur le pont. S'apercevant qu'on prenait le déjeûner en bas, il marqua le désir de descendre et d'en avoir sa part ; mais l'odeur qu'exhalait son auguste personne, et une éruption cutanée dont son corps était couvert, lui attira l'invitation très-sérieuse de se tenir tranquille à sa place. Ce fut en vain que pour l'égayer, on tira une caronade. Enfin, l'apparition d'une forte dose d'eau-de-vie dissipa non-seulement sa mauvaise humeur, mais le fit encore rester beaucoup plus long-temps qu'on n'aurait voulu.

Pendant que les vaisseaux étaient à l'ancre auprès de la pointe Requin, ils reçurent la visite d'un homme d'Embomma, qui se disait envoyé par le mafouk de cet endroit, pour leur servir de pilote, et quoique sa société ne leur convînt aucunement, ils ne purent décemment s'en défaire. Ils furent en même temps visités par beaucoup d'habitans de la côte adjacente de Sogne. C'étaient, presque sans exception, des gens vilains, sales, maussades, couverts de vermine ou de gale : on crut reconnaître dans tout cela les effets de la civilisation portugaise, tandis que les Nègres de Malembe avaient été gais, propres, et vêtus même avec une recherche qui en faisait de véritables *petits maîtres français*. Plusieurs d'entre ces visiteurs étaient en apparence chrétiens, et l'un d'eux, qui avait appris à écrire son nom et celui de Saint-Antoine, était jugé digne d'exercer les fonctions sacerdotales. Il se trouvait chargé, lui et son troupeau, de crucifix et de différentes reliques qui paraissaient avoir tout autant de mérite que les fétiches nègres. Cet homme, toutefois, ne se croyait pas lié par la loi romaine sur le célibat ; il avait, selon son propre dire, une femme et cinq concubines, et il prétendait que Saint-Pierre n'avait pu être assez dur pour imposer aux fidèles des privations sur cet article.

Voyant que la Dorothée ne pourrait remonter le fleuve sans beaucoup de difficulté, le capitaine Tuckey fit transporter les provisions à bord du Congo, et continua de longer avec ce bâtiment le bord méridional du fleuve. Le rivage y consistait en un marais large de sept à huit milles et entièrement rempli de mangliers qui croissaient dans l'eau. La profonde solitude et l'ombre de ces forêts aquatiques avaient quelque chose d'imposant. Un petit nombre d'oiseaux chantans mêlaient leur voix à celle des perroquets, qui seuls faisaient retentir l'air de leur babil. Ce qu'il y a de remarquable, ce sont les doléances que font ici déjà les voyageurs sur le volume du Zaïre. Le capitaine Tuckey s'exprime ainsi : « Jusqu'à présent, la rivière ne s'est point présentée telle qu'on pût l'envisager comme un fleuve du premier rang. » Et le docteur Smith dit : « Tout semble indiquer qu'il y a beaucoup d'exagération dans les descriptions qu'on a faites de la grande largeur de son lit, la longueur de son cours, etc., et que l'expédition sera terminée bien plus tôt qu'on ne l'aurait pensé. » On ne voit pas trop ce qui pouvait avoir tant découragé les voyageurs : la largeur ne semble pas avoir différé essentiellement de celle qu'indiquent les cartes marines, tandis que la profondeur était beaucoup plus considérable qu'on n'avait compté la trouver. La sonde de Massey que le courant ne peut entraîner, a filé cent treize brasses sans trouver fond, et comme cette profondeur paraît s'être étendue à travers une grande partie du fleuve, il devient impossible d'évaluer la masse d'eau qu'il doit porter à l'Océan. Enfin, le fleuve après qu'on l'eût remonté l'espace de trois cents milles, semblait avoir presque augmenté de dimension et de volume.

Aux approches d'Embomma, différens personnages s'annoncèrent comme des envoyés du mafouk. La multitude de ces visiteurs, qui tous ne demandaient qu'à être régalés d'eau-de-vie, les fit accueillir successivement avec moins de cérémonie, en sorte que le grand mafouk lui-même, à son arrivée, fut pris pour un imposteur, et si mal reçu qu'il quitta précipitamment le vaisseau. Cependant un des naturels l'ayant fait connaître, on fit tous les efforts possibles pour réparer le tort. On tira quatre coups de caronade en son honneur, et on l'adoucit complètement, en le laissant boire à discrétion avec vingt hommes de sa suite. On atteignit seulement quelques jours après Lomby, le port d'Embomma. Ils y furent témoins d'une scène intéressante. Un naturel du Congo, nommé Simmons, autrefois esclave à

St.-Christophe, accompagna l'expédition dans l'humble qualité de marmiton. A Lomby, ses amis le reconnurent tout de suite, et le capitaine Tuckey apprit son histoire, qu'il ne connaissait point auparavant. Le père du jeune homme, un prince du sang, l'avait confié à un capitaine de Liverpool, pour lui faire donner une éducation européenne. C'était livrer l'agneau au loup. Le capitaine crut avoir plus de profit en dressant son élève à la culture du sucre. Le transport avec lequel le père revit son fils, long-temps perdu, et l'ardeur avec laquelle il le serra dans ses bras, démontrèrent pleinement que les sentimens de la nature résident dans des cœurs africains. Son arrivée fut une fête pour le village entier, qui retentit toute la nuit suivante du bruit des tambours et des chants de joie. Le lendemain, ce ci-devant marmiton parut, entouré de toute la pompe de la royauté africaine, avec un vieil habit de soie brodée, un chapeau noir de toile cirée, surmontée d'une plume énorme, et une ceinture de soie ; il était porté, par deux esclaves, dans un hamac, ayant un parasol déployé au-dessus de la tête.

Ce fut le 27 juillet que le capitaine descendit à terre avec sa suite, pour rendre visite au *Chenou*, ou souverain d'Embomma, place éloignée d'environ une lieue du rivage. Ils firent premièrement halte sous un gros arbre, où se tenait ordinairement le conseil des vieillards. Deux crânes de chefs ennemis pris au combat, y étaient suspendus. Une demi-heure après, on les introduisit dans une cour fermée de roseaux, et on leur présenta, pour sièges, quelques vieilles caisses couvertes de velours. Après qu'on eût levé une cloison de nattes, le chenou se présenta devant leurs yeux comme Polichinelle sur un théâtre de marionnettes. Il portait une jaquette de peluche cramoisi, avec de gros boutons dorés, des bas de soie ponceau, des bottines de maroquin rouge, et un monstrueux chapeau brodé d'or. Cet ensemble baroque était relevé par une bigarrure d'ornemens en verroteries, coraux et fleurs artificielles. Le capitaine Tuckey tâcha de faire connaître au souverain et à ses conseillers l'objet de sa mission ; mais ces Nègres ne purent absolument rien comprendre à son discours; les mots de science et de curiosité ne leur présentaient aucune idée. Ils ne faisaient jamais que deux questions : « Etes-vous venus pour commercer? et : « Etes-vous venus pour guerroyer? Ils les reproduisaient sans relâche, pendant deux heures de toutes les manières. Fatigués à la longue, sans être contentés, ils exigèrent des Anglais la promesse de ne pas contrarier du moins le commerce des esclaves, et donnèrent une représentation du *Sakilla*, ou de la bienvenue : à cet effet, un chef gesticula comme un homme qui fait l'exercice, pendant que les autres se frappaient la poitrine en mesure. Un baril de rhum qui fut alors produit, n'occasionna que l'embarras de savoir qui en aurait la portion la plus forte. Au milieu de la mêlée qui s'ensuivit, l'un d'eux, ne voyant pas d'autre moyen de réussir, trempa son bonnet sale dans la cuve, et le suça, tandis qu'un autre qui n'avait rien attrapé, obtint que son voisin plus heureux, lui en donnât, charitablement, de la bouche à la bouche, une gorgée. Les Anglais firent ensuite une promenade autour du village ; à leur retour, on leur servit un potage de bananes, de la viande de chèvre, de la volaille rôtie, et du vin de palmier dans un grand pot d'argent. Dans l'intervalle, le Chenou eut une longue conférence avec Simmons, en le pressant de questions sur les motifs qu'avaient les Anglais de remonter le Zaïre. Sans pouvoir le satisfaire sur tous les points, Simmons le convainquit du moins, qu'ils n'avaient aucune intention hostile. Le Chenou fit donc appeler les Anglais, cueillit une feuille d'un arbre, après les avoir de nouveau questionnés, et dit : « Si vous venez pour commercer, jurez par votre Dieu et rompez cette feuille. » Lorsque le capitaine s'y refusa, il dit : « Jurez par votre Dieu que vous ne venez pas pour guerroyer, et rompez la feuille. » Après cette cérémonie, les Nègres jouèrent un grand sakilla, et toute défiance s'évanouit. A la fin de la soirée, on rassembla les filles du Chenou et les femmes des principaux officiers, et on les offrit, de la manière la moins équivoque, à l'expédition pour son amusement passager. Quoique, dans cet arrangement, les femmes fussent traitées simplement comme des objets de trafic, elles ne montrèrent pas la moindre répugnance, seulement elles ne permirent pas qu'on prît des libertés avec elles en public.

Le capitaine Tuckey resta huit jours à Embomma. Le chenou le vit partir avec peine ; mais on ne pouvait savoir si c'était la société de son hôte, ou la bouteille d'eau-de-vie qu'il recevait par jour, qui lui causait des regrets. Voici quelques observations que le capitaine eut l'occasion de faire sur le pays et ses habitans. Les objets de culture sont principalement le maïs, le tabac et deux sortes de fèves. Le coton croît sauvage. Il y a aussi de la canne à sucre. Le palmier fournit la seule liqueur fermentée du pays. Le principal objet du commerce intérieur est le sel qu'on prépare à l'embouchure de la rivière, et qu'on transporte dans des canots. Les habitans sont vêtus d'étoffes de manufacture européenne. Ils ne fabriquent eux-mêmes que des bonnets et des châles d'herbe. L'exploitation rurale est entièrement à la charge des femmes : les filles du roi et les femmes des princes travaillent dans les champs tout comme celles du peuple.

C'est le sort commun des femmes chez toutes les tribus barbares ; mais la manière déhontée avec laquelle les pères et les maris trafiquent de leur vertu, prouve la dégradation extrême de cette nation. Il faut avouer, toutefois, que cet état de démoralisation provient en grande partie de ses relations avec les Européens, puisque plus haut, sur la rivière, s'il n'a pas cessé tout-à-fait, on mettait du moins plus de retenue dans l'exercice de ce trafic. Il est à remarquer qu'un commerce criminel entre les deux sexes, lorsqu'il a lieu sans l'agrément du propriétaire, père ou mari, est puni de l'esclavage ou même de la mort. L'expédition n'a pas eu beaucoup à se plaindre de vols. On montre un grand respect aux morts. Le cadavre, enveloppé d'une étoffe du pays ou d'une toile européenne, est déposé seul dans une petite hutte. On l'entortille de plus d'étoffe, au fur et à mesure qu'on peut s'en procurer, jusqu'à ce qu'au bout de quelques années on juge, d'après son monstrueux volume, que les funérailles peuvent être célébrées convenablement. La fosse doit avoir neuf pieds de long, cinq de large, et une profondeur pareille à la hauteur des plus grands palmiers. Après l'enterrement, on orne la tombe de dents d'éléphant, de tessons de cruches, jarres, bouteilles et autres ustensiles du même genre.

En continuant de remonter la rivière, le capitaine Tuckey la trouva bordée de hautes collines rocheuses dont l'une reçut le nom de Saut des Amoureux, parce qu'on en précipite les femmes adultères du roi et leurs amans. Peu à peu la rivière devint étroite et resserrée entre des rochers escarpés, et comme on annonça que la grande *yellala*, ou cataracte, n'était pas loin, le capitaine craignit de ne pouvoir naviguer beaucoup plus haut. Il avança quelques milles à pied pour visiter le chenou de Noki, dans l'espoir de s'y procurer des renseignemens et des guides. Ce monarque étalait une pompe plus sauvage que son voisin d'Embomma. Le sol était couvert de peaux de lions et de léopards, qu'aucun sujet, même du plus haut rang, ne peut fouler sous peine d'esclavage : aussi les chefs, en traversant le parquet, prenaient des précautions extrêmes pour ne point faire quelque faux pas qui pourrait leur attirer cette disgrâce. Le chenou était vêtu d'un manteau rouge à galons, et portait un haut bonnet orné de plumes de héron. Il était moins questionneur, mais aussi moins affable que le roi d'Embomma; l'expédition obtint des guides, mais aucun renseignement sur la rivière au-dessus des cataractes. De retour aux bateaux, Tuckey vit arriver une princesse du sang avec trois filles du chenou, apportant des œufs à vendre. Après avoir reçu le double de la valeur, son altesse s'offrit elle-même et ses trois compagnes à quiconque désirerait leur société à bord; le refus qu'elle éprouva parut vivement affecter ces dames.

Les bateaux ne poursuivirent qu'avec beaucoup de difficulté leur route. Ils rencontrèrent surtout des ras de courans, nés tout-à-coup et cessant aussi promptement, qui fesaient un instant tournoyer le navire malgré les rames et les voiles. Enfin ils atteignirent la *Casan-Yellala*, ou femme yellala, espèce de cataracte formée par un rebord de rocs se projetant dans la rivière par les deux tiers environ de sa largeur; l'eau s'y brisait avec fureur, mais vers la rive septentrionale elle coulait dans un canal uni, quoique très-rapide : les indigènes le regardaient comme impraticable, mais Tuckey en aurait aisément surmonté la force s'il avait entrevu la probabilité de remonter beaucoup au-delà. Ce chenal, resserré entre des rochers hauts, âpres, perpendiculaire, présentait néanmoins un aspect fort imposant, il rappelait au docteur Smith les torrens de la Norwège. Les voyageurs apprirent en outre que quelques milles plus avant était la Yellala même, cataracte bien plus redoutable et véritablement effrayante. Le capitaine résolut de laisser ici les bateaux, jusqu'à ce qu'il eût examiné lui-même s'il y avait possibilité de vaincre ce dernier obstacle.

Il débarqua donc avec les naturalistes et une partie de l'équipage, et longea la rivière jusqu'à un mille et demi de la cataracte qui se déployait alors toute entière devant eux. Quel fut leur désappointement! « Au lieu d'un second Niagara, ils ne virent, comparativement, qu'un ruisseau bouillonnant sur son lit rocailleux ; » le docteur Smith l'appelle « un filet d'eau ayant une chute de quelques centaines de pieds.»

Les bords y consistent en deux montagnes pelées de granit, entre lesquelles la rivière a forcé son passage rempli de rochers parmi lesquels elle serpente avec un bruit effrayant. Au milieu s'élève une petite île rocheuse qui paraît rester à découvert même dans les plus grandes eaux. Ils remarquèrent avec surprise que l'eau qui se précipitait à travers ce passage n'était point proportionnée au volume antérieur de la rivière, et le docteur Smith suppose qu'elle descend en partie par des canaux souterrains. Mais bien que cela ne puisse paraître impossible, il est plus probable, qu'ils n'ont pas assez apprécié la rapidité du courant, peut-être aussi sa profondeur à quelques endroits, et que, se trouvant trompés dans l'idée qu'ils avaient de la grandeur du spectacle en général, ils ont jugé avec trop de dépit ce qu'ils voyaient effectivement.

Quoique la Yellala n'offrît pas cet aspect imposant de terreur auquel ils s'étaient attendus, la chute était néanmoins telle qu'elle interrompait absolument la navigation ; les pentes roides et âpres, coupées de ravins profonds dont le pays était composé, détruisirent en même temps tout espoir de traîner les chaloupes par terre à un endroit où la rivière redeviendrait praticable. Il n'y avait point d'autre alternative que de continuer le voyage par terre le long des rives du Zaïre. L'entreprise était hérissée de difficultés et de périls. Les voyageurs eurent à franchir alternativement des montagnes escarpées et des fondrières effrayantes, sans aucun sentier, et sans un guide auquel ils pussent se fier. Souvent, dans l'impossibilité d'atteindre le plus proche village avant la nuit, ils furent obligés de coucher en plein air. Il fallut chaque fois de longs pourparlers pour se procurer les nègres nécessaires au transport des bagages ; et souvent, après s'être engagés pour la nuit, ils avaient déserté avant le matin. La contrée, au surplus, devenait aride ; les villages, dont les principaux sont Coulou, Mavounda et Enga, étaient petits et très-distans les uns des autres. L'état de la société prenait un aspect plus purement africain. On apercevait rarement quelque débri d'ornement européen ; des étoffes d'herbe servaient à l'habillement, encore n'étaient-elles pas abondantes, de sorte que les femmes n'en portaient ordinairement qu'un tablier de la largeur d'une main pour tout vêtement. Sans se montrer rigides, elles n'étaient plus offertes avec la même indécence, et l'on mettait du prix à la vertu des femmes mariées ; il fallait même employer des motifs puissans de séduction pour en obtenir le sacrifice. Du reste, leurs charmes allaient en déclinant, à mesure qu'on avançait vers le haut de la rivière, et le capitaine Tuckey affirme qu'il y en avait d'aussi laides que les femmes de la nouvelle Hollande.

Toute cette contrée, depuis l'embouchure de la rivière jusqu'à une distance considérable au-dessus d'Enga, appartient au souverain appelé Lindy ou Blindy N'Congo, qui réside à Banza-Congo dans l'intérieur, à six journées de Tall-Trees, du côté méridional de la rivière. C'est probablement le S. Salvador des Portugais, qui doivent y avoir toujours un établissement. Aucun vestige ni d'eux ni de leurs missions n'a pu être remarqué près de la rivière, à l'exception toutefois de quelques crucifix mêlés parmi les fétiches indigènes. Les ordalies, mentionnées par les missionnaires catholiques, y sont encore en usage. Tuckey a vu un *gangam-kissey*, ou prêtre, qu'on avait fait venir dans un village afin d'y découvrir la personne qui se serait rendue coupable de l'empoisonnement d'un de ses habitans. Après s'être jeté dans des convulsions affreuses, le prêtre nomma trois hommes qui furent sur le champ soumis à l'épreuve, consistant à avaler l'écorce venimeuse d'une espèce de cassia. S'il arrive que les sentences prononcées par suite de cette procédure soient injustes, la faute en est au Kissey ou fétiche seul, et le Gangam ne reçoit aucun reproche.

La saison sèche, qui est proprement l'hiver au Congo, et que les naturels nomment *gondy-assieou*, dure depuis le mois d'avril jusqu'en septembre. Vers la fin de ce mois commencent à tomber, une ou deux fois dans les vingt-quatre heures, de petites ondées qui continuent jusqu'au milieu d'octobre et qu'on nomme *mallola-mantity*. Les véritables pluies commencent en novembre et durent jusqu'en janvier; elles sont très-fortes et chaudes, mais sans ouragan : on les nomme *voulaza-manzanzy*. Les dernières et les plus grosses pluies, appelées *voulaza - chintomba*, viennent en février et en mars; elles sont accompagnées d'ouragans, de tonnerre, d'éclairs et de météores ignés.

Ce fut pendant ce trajet, que commencèrent à fondre sur eux les maux qui devaient les accabler. M. Tudor éprouva des accès de fièvre violents, et l'on se vit dans la nécessité de lui faire rebrousser chemin. M. Cranch eut bientôt après le même sort. M. Galwey tomba malade ensuite. Le capitaine Tuckey lui-même sentit à la longue qu'il avait trop compté sur la force de sa constitution et sur la bonté du climat; cependant, quoique attaqué d'indispositions graves, il ne diminua pas d'efforts pour atteindre l'objet de l'expédition. Environ vingt ou vingt-quatre milles au-dessus de Yellala, la rivière, qui avait coulé jusqu'alors dans un canal étroit et obstrué de rochers, s'élargit, et le pays prit un aspect plus favorable. Ils se procurèrent, après des longue négociations, et au moyen de présens considérables, trois mauvais canots pour eux et pour leurs bagages. Le fleuve se déploya majestueusement sur une largeur de trois à quatre milles, et ses bords pittoresques leur rappelèrent tantôt les rives de la Tamise, tantôt les lacs d'Ecosse. Arrivés à l'endroit même où rien ne s'opposait plus à la navigation, et dans un site singulièrement beau dont l'aspect ranimait le courage des plus pusillanimes, un concours de circonstances malheureuses les détermina soudain à s'arrêter. Le capitaine Tuckey ne s'explique pas sur les motifs de sa résolution dans les courtes notes qui seules nous restent de cette partie du voyage; mais il paraît que la perte d'un canot avec une partie considérable de ses effets, le manque absolu de provisions et la mauvaise volonté des naturels y ont également contribué. « Il nous fallut revenir sur nos pas, dit le capitaine; nous le fîmes à notre grand regret, mais du moins avec la consolation d'avoir fait tout ce qui dépendait de nous pour remplir le but de l'expédition. »

Ils n'étaient pas au terme de leurs maux. Quatre jours après, M. Smith qui avait avec la plus vive peine dit adieu à la rivière au moment où il espérait de recueillir le fruit de ses fatigues, fut attaqué de la fièvre, et ne put plus marcher. Leur misère s'accrut à chaque pas. Bientôt on apprit que M. Galwey n'était plus. Les nouvelles les plus affligeantes arrivèrent du bâtiment qu'ils avaient laissé au bas de la rivière. Les habitans du pays qu'ils traversaient mirent à profit leur triste position pour les abandonner et voler. Quoique la saison des pluies ne fût pas encore arrivée, la rivière grossissant à vue d'œil, inondait des criques qu'ils avaient passées de pied sec en remontant. Après avoir franchi la région montueuse et atteint la portion navigable du fleuve, le chenou de Bibbi leur refusa des barques ; il fallut s'en emparer de force. En arrivant à bord de son bâtiment, Tuckey apprit pour surcroît de malheur, que l'équipage se trouvait aussi dans l'état le plus terrible. Cranch et Tudor étaient morts. Smith mourut le lendemain. Tuckey, profondément affligé de tant de pertes, ne tarda pas à succomber lui-même au chagrin. Telle fut l'issue d'une expédition qui devait pénétrer dans l'intérieur d'Afrique par le même fleuve que

Mungo-Park croyait descendre en périssant.

Dans la ferme persuasion que le Zaïre est l'embouchure du Niger, le gouvernement anglais, d'après les vues de M. Barrow, avait préparé, à la même époque, une autre expédition, destinée à suivre la route de Park, et à descendre le Niger, pour y rencontrer Tuckey et revenir avec lui en Europe. Le capitaine *Peddie*, chargé du commandement de cette dernière, atteignit le Sénégal au printems de 1816; mais comme la saison pluvieuse approchait, il ne se mit en route que l'automne suivante. Au mois d'octobre, il commença à remonter le Rio-Nunez, avec le projet de traverser le pays de Fouta-Dialla. C'était en effet, le chemin le plus court pour gagner le Niger, et Peddie y voyait en outre l'avantage d'explorer, à cette occasion, une région d'Afrique encore très peu connue. Malheureusement, il tomba malade et mourut à Kacundy, près de la source du Nunez. Le commandement échut au capitaine *Campbell*, qui avança environ cent-cinquante milles au-delà de Kacundy, sur la route de Laby et de Témbou. Il fut arrêté dans sa marche par le chef des Foulahs ou Poules, sous prétexte d'une guerre que ce dernier avait avec un de ses voisins. Après bien des négociations infructueuses, pendant lesquelles le capitaine perdit ses chameaux, ses chevaux, et la plupart de ses ânes, il ne lui resta d'autre moyen que de rebrousser chemin. Il atteignit Kacundy avec la perte d'un seul homme ; mais les contrariétés et les vexations qu'il avait éprouvées, l'affectèrent tellement, qu'il ne tarda pas à mourir dans cette ville.

Une troisième tentative d'explorer le Niger, entreprise récemment sur la Gambie par le capitaine *Gray*, qui avait résidé sept ans dans cette partie du continent africain, n'a pas été couronnée d'un meilleur succès. *Ritchie* chargé de suivre la route des caravanes qui du Fezzan se rendent à Tombuctou, est mort à Mourzouk ; et le voyageur espagnol *Badia*, autrement connu sous le nom Ali-Bey, qui comptait d'effectuer la même découverte en passant par l'Egypte, paraît avoir également péri victime du climat ou de la perfidie.

Tel a été, jusqu'à ce jour, le triste résultat des efforts qui ont été faits pour connaître la direction d'un grand fleuve, dont les bords sont couverts de cités populeuses, et dont les eaux fécondantes semblent donner la vie à tout l'intérieur du continent africain. Dans cet état des choses, nous ne pouvons mieux terminer ce chapitre qu'en offrant à nos lecteurs, avec les paroles du savant Biot, les renseignemens recueillis par M. Bowdich, pendant son ambassade à Coumassie (1). M. Bowdich n'a pu obtenir aucune donnée précise sur la source du fleuve, située hors de la route du commerce; cependant il s'est assuré que d'abord, conformément à ce qu'a vu Mungo-Park, le Niger coule de l'ouest au nord-est depuis Sego jusqu'au lac Dibber (*Dibbie*). Ensuite, à la sortie de ce lac, comme Mungo-Park l'a dit encore, mais seulement d'après des témoignages, il se divise en deux branches, dont l'une, suivant M. Bowdich, coulant au nord-est, va passer

---

(1) Voyez la *Carte de la Mission au royaume d'Ashienty*.

près de Tombuctou, et l'autre, plus considérable, se dirigeant au sud-est, continue le véritable *Niger*, qui prend alors le nom de *Quolla*. Maintenant la première branche, après avoir remonté au nord-est, un peu au-delà de Tombuctou, se divise encore : une partie, coulant droit au nord, est appelée par les Maures *Joliba*, c'est-à-dire grande eau, et *Zah-mer* par les Nègres ; l'autre partie, coulant à l'est, prend le nom de *Gambarou*. Celle-ci, poursuivant toujours sa route dans cette direction, va enfin se perdre dans un lac intérieur que les naturels décrivent comme volcanique, et qu'ils révèrent comme le réservoir des eaux du déluge. Quant à la grande branche appelée *Quolla*, qui coule d'abord au sud-est, celle-ci, infléchissant peu-à-peu sa route, se tourne vers l'est même, donnant naissance, sur sa rive droite, à un grand nombre de rivières qui coulent au sud-ouest jusqu'à la mer, et enfin, affaiblie et presque épuisée par ces versemens nombreux, elle va rejoindre le Nil au sud-ouest de Sennaar par une faible communication qui n'est navigable que dans la saison des pluies. Ce dernier fait était si remarquable et si peu attendu que M. Bowdich a mis tout en usage pour en multiplier la probabilité. Il a non-seulement consulté de vive voix des Maures qui avaient fait plusieurs fois le voyage d'Egypte, il s'est procuré des cartes de route dessinées par eux ; il a comparé et opposé les récits de tous ceux qui pouvaient lui fournir à cet égard quelques lumières : toutes les indications ont été unanimes.

En exposant ce qu'il a appris sur l'existence et le cours du Gambarou, M. Bowdich fait remarquer que cette branche du Niger avait déjà été indiquée, sous ce même nom, par le géographe Delille, dans la carte d'Afrique qu'il avait construite pour Louis XV. Seulement Delille s'était trompé en la supposant le prolongement unique du Niger dont elle n'est qu'une dérivation. C'est près des bords du Gambarou qu'est située la cité populeuse de Haoussa, centre de tout le commerce de l'Afrique, et qui, en étendue, en pouvoir et en richesses le cède seulement à Bournou. Haoussa est aujourd'hui ce qu'était jadis Tombuctou, maintenant sa tributaire. Cette dernière ville, dont la prospérité décroissait déjà du temps de Léon l'Africain qui représente les anciennes demeures de leurs habitans comme changées en de pauvres cabanes, n'est plus aujourd'hui, dit-on, qu'un amas de chaumières où l'on reconnaît à peine quelques vestiges de son ancienne splendeur.

Outre ces renseignemens importans sur la distribution des eaux dans l'intérieur de l'Afrique, M. Bowdich a rassemblé une multitude de détails positifs sur les contrées moins distantes des côtes, que nous allons quitter. On avait considéré les montagnes de Kong, appelées les *monts de la Lune* par les géographes, comme une chaîne continue d'où l'on fesait descendre plusieurs rivières, tant au sud qu'au nord. M. Bowdich a reconnu que ce sont des montagnes isolées et séparées les unes des autres par des intervalles suffisans pour donner passage à de grandes rivières. Ainsi s'évanouit une des données sur lesquelles la géographie physique s'appuyait avec le plus d'assurance pour déterminer théoriquement le cours de ces fleuves et du Niger même ; ou plutôt, dans cette circonstance, comme dans beaucoup d'autres ce n'est pas le principe théorique qui était fautif, c'est l'application que l'on en fesait. M. Bowdich a tracé, pour la première fois, le cours du grand fleuve de Volta depuis son embouchure jusqu'aux montagnes de Kong. Le Lagos, que l'on représentait jusqu'ici comme venant du nord-ouest, coule directement nord jusqu'à une distance inconnue : les esclaves amenés de l'intérieur déclarent qu'ils ont marché pendant plus d'un mois le long de ses bords.

Non content de ces découvertes M. Bowdich s'est transporté sur les mêmes plages où avait échoué l'expédition commandée par Tuckey. Il y a trouvé de nouvelles confirmations des renseignemens qu'il avait recueillis chez les Ashientins, sur la non réalité du système qui fesait du Zaïre l'unique embouchure du Niger. Il a exploré le cours de la large, mais courte rivière de Gaboun. Cette rivière se divise en deux branches, à peu de distance de la côte; mais, en traversant une péninsule déserte que ces branches comprennent, on trouve dans l'intérieur, à trois journées de marche, une autre rivière considérable, appelée *Ogouaway*, qui, dit-on, est aussi une dérivation de la branche du Niger, appelée Quolla, et qui, après une longue course, se divise elle-même en deux branches, dont une se réunit au Congo ou Zaïre (1).

―――

(1) Voy. dans la carte, les *rapports* de l'Ougouaway au Niger.

CHAPITRE II.

Afrique méridionale.

Le cap de Bonne-Espérance. —Kolben. — Lacaille. —Sparmann.— Le Vaillant.— Barrow.— Trutter et Sommerville. — Cowan. — Lichtenstein. — Campbell. — Burchell.

La découverte et le passage du cap de Bonne-Espérance furent une des grandes époques de la navigation moderne. Bartholomeo Diaz le découvrit; Vasco de Gama le doubla ensuite en 1498. Les Portugais y relâchèrent pour prendre de l'eau et des provisions, mais ne songèrent pas à y former d'établissement. Les Hollandais, peuple calculateur et prudent, sentirent l'inappréciable avantage d'une station située à moitié chemin de l'Inde. Au commencement du dix-septième siècle, ils y fondèrent une colonie qui s'accrut et se fortifia peu à peu, et finit par rivaliser avec leurs plus importans établissemens. Deux écrivains hollandais, Breyer et Van Rynne, publièrent, en 1681 et 1686, des notices de la colonie du cap de Bonne-Espérance, et Pierre *Kolben* mit au jour, en 1718, la première relation détaillée qui, après avoir passé pour authentique pendant près d'un demi-siècle, est, tout-à coup, tombée dans un discrédit complet. C'est juger trop sévèrement, peut-être, un ouvrage auquel on ne peut reprocher, dans le fait, que ces exagérations et ces méprises communes à tous les voyageurs qui visitent pour la première fois, une contrée inconnue. D'ailleurs, il vit la colonie dans un état tout différent de celui où l'ont trouvée les voyageurs qui l'ont décrite après lui ; elle avait une bien moins grande étendue, et les tribus qui depuis ont été rejettées dans l'intérieur ou réduites en esclavage, existaient alors indomptées et indépendantes. Ces différences ont dû nécessairement produire des contradictions entre son récit et les autres ; mais elles donnent, en même temps, un grand prix à sa relation, dans laquelle on trouve la peinture des mœurs de nations sauvages qui n'existent plus depuis long-temps.

Il paraît que, de son temps, la colonie ne s'étendait pas au-delà de cette plaine étroite comprise entre la mer et les deux chaînes de montagnes de Zwarteberg et de Bokkveld; on ne connaissait même aucune autre partie du pays d'une manière positive. Le Berg ou rivière de la montagne, qui se jette dans la mer à la baie de Sainte-Hélène, formait la limite septentrionale : on avait cependant, à cette époque, obtenu quelques notions sur les Namaquas, et même sur les déserts de sable placés derrière leur territoire. La baie Mossel bornait sa colonie du côté de l'est. Ici la carte de Kolben indique une rivière qu'il nomme *Sans-fin;* elle est représentée comme prenant sa source près de la baie de Saint-Sébastien, et dirigeant son cours au sud-est sans aucun terme connu. On conçoit difficilement quelle est cette rivière dont le cours est évidemment mal indiqué. Il paraît que le grand Karoo et les pays adjacens étaient peu connus alors.

Les *Hottentots*, dit Kolben, vivent dans des kraals (villages) composés ordinairement d'une vingtaine de huttes, et contenant une centaine d'habitans. Les huttes sont rangées en cercle, dans une situation commode et presque toujours sur le bord d'une rivière; de forme ovale, les plus grandes ont quatorze, les plus petites dix pieds de diamètre; il est impossible de s'y tenir debout; les parois sont formées de branches et la couverture d'osier et de joncs si parfaitement tressés et d'un tissu si serré, que ni le vent ni la pluie ne peuvent y pénétrer. Toute la richesse des Hottentots consiste dans leur bétail; le défendre des attaques des bêtes féroces, tel est le continuel objet de leurs soins. Aux approches de la nuit, ils réunissent le troupeau dans l'enceinte formée par les huttes, attachent les moutons, et renferment les agneaux dans un vaste hangar. Pendant le jour, trois ou quatre hommes du kraal veillent tour-à-tour à la sûreté des troupeaux qui pâturent tous ensemble. Lorsque l'emplacement est épuisé, ils transportent le kraal ailleurs. Les Hottentots montrent beaucoup d'adresse et d'aptitude à certains métiers, celui de forgeron en particulier. Sans autres outils que deux pierres, il parviennent à façonner le fer; ils savent aussi tanner, préparer et coudre les peaux; ils se servent de petits os d'oiseaux en guise d'aiguilles et des fibres de certains animaux au lieu de fil; ils fabriquent très-habilement des nattes, ainsi que des cordes pour leurs arcs et leurs instrumens de musique.

On a dit que les Hottentots étaient sans religion; Kolben assure qu'ils ont l'idée d'un être suprême : « c'est, selon eux, un » excellent homme qui ne fait de mal » à personne, et qui réside bien loin au » delà de la lune; » toutefois ils se dispensent de lui rendre un culte ou de lui adresser des prières. Lorsque la lune est dans son plein, ils lui offrent des sacrifices pour en obtenir un temps favorable, et mêlent à leurs prières les danses, les contorsions les plus violentes. Ils redoutent un être malfaisant, petit, hideux, contrefait qu'ils s'efforcent d'adoucir par des offrandes. Rien n'indique s'ils croient à l'immortalité de l'âme; cependant les honneurs qu'ils rendent aux morts, et la crainte, qu'ils témoignent des esprits, pourraient le faire penser.

Du temps de Kolben, les Hottentots ne vivaient pas tout-à-fait sans gouvernement. Un chef héréditaire, nommé Konquer, commandait les armées, négociait la paix, et présidait les assemblées publiques. Un autre officier, aussi héréditaire, commandait durant la guerre sous les ordres du Konquer, et, pendant la paix, était chargé de l'administration de la justice. Peuple belliqueux à cette époque, les Hottentots, à la moindre offense, couraient aux armes. Leurs guerres, comme celles de tous les peuples sauvages, étaient courtes, brusques et irrégulières. Les différentes hordes formaient des alliances et paraissaient chercher à maintenir une sorte d'équilibre entre elles; souvent le parti le plus faible, implora le secours des Hollandais, qui profitèrent habilement de cette circonstance pour obtenir quelques nouveaux avantages.

Kolben donne, sur l'histoire naturelle du Cap, quelques notions bonnes pour le temps où il écrivait. Il parle de cette espèce de moutons dont la queue extraordinairement grosse et toute composée de graisse, pèse souvent de quinze à vingtlivres. Il décrit l'éléphant, le rhinocéros, le léopard, le buffle, et notamment le zèbre qu'il ne connaît que sous le nom d'âne sauvage, en regrettant toutefois avec Ludolf qu'un animal si joli ne porte pas un nom plus digne de sa beauté.

En 1760, l'abbé *Lacaille*, savant astronome français, et membre de l'Académie des Sciences, fit un voyage au Cap; occupé particulièrement d'observations astronomiques, il composa cependant un précis qui contient des renseignemens très-utiles. Il relève sévèrement quelques erreurs de Kolben qui, assure-t-il, n'a jamais dépassé ni même visité les frontières de la colonie.

De 1772 à 1776, le docteur André *Sparmann*, de Stockholm, entreprit de nombreuses excursions aux environs du Cap, mais borna ses recherches aux objets d'histoire naturelle. Son ouvrage, important sous ce rapport, serait peu susceptible d'analyse; nous allons en extraire les faits les plus remarquables.

Le lion de ces cantons, moins féroce que celui d'Asie, attaque rarement les grands animaux, à moins qu'il ne soit pressé par la faim. Il déploie alors une force prodigieuse, et franchit une haie, entraînant un bœuf avec sa gueule; le docteur Sparmann, d'accord avec les autres voyageurs, assure que le lion s'élance d'un seul bond sur sa proie, et s'arrête s'il la manque. Le tigre n'existe point dans cette partie (1) de l'Afrique, on y trouve seulement des panthères et des léopards. Les Hottentots prennent les éléphans en creusant des fosses profondes, mais les colons emploient toujours les armes à feu contre cet animal et contre le rhinocéros. Le docteur Sparmann est le premier qui ait fait connaître le gnou, animal qui paraît tenir le milieu entre le cheval et la gazelle ; ainsi que le bel antilope nommé *Spring-Bok*. Il ne put tuer qu'un seul hippopotame, trop jeune pour offrir une idée complette de l'espèce ; mais il donne une description très-étendue des termites, plus nombreux dans la région du cap que sur les côtes occidentales d'Afrique.

Deux clos seulement, dit le docteur

---

(1) Ni dans aucune autre partie de l'Afrique, suivant Buffon et les autres naturalistes.
Note du Traducteur.

Sparmann, produisent l'excellent vin de Constance du cap qui, selon lui, ne doit sa supériorité qu'à la qualité particulière du sol. Ces deux clos produisent annuellement soixante *Liggars* de vin rouge et quatre-vingt dix de blanc ; chaque liggar contient six cents pintes de France. Nous rappellerons au lecteur, qui pourrait s'étonner de la modicité de ce produit, que la plus grande partie du vin vendu sous le nom de Constance, n'a rien de commun que le nom, avec ce vin justement célèbre.

Pendant les années 1772 à 1775, *Thunberg* qui, depuis, visita le Japon, résida au cap de Bonne-Espérance, et fit plusieurs excursions dans divers cantons de la colonie. En 1777 et 1778, M. *Patterson* accompagna le capitaine *Gordon* et pénétra jusqu'au Sneuwberg ou montagnes de neige et dans le pays des Bosjesmans ou Boshimans. Pour ne pas fatiguer le lecteur de répétitions inutiles, nous ne donnerons pas l'analyse de leurs voyages, parce que M. Barrow a publié depuis, concernant les mêmes contrées, une relation généralement regardée comme la plus exacte et la plus authentique : c'est là que nous puiserons les détails.

M. *Levaillant* fit deux voyages au cap, le premier en 1780, le second en 1785, dont la relation obtint un grand succès. Peu de voyageurs ont su donner à leurs récits autant de charmes et de vivacité. A cet égard, la relation de M. Levaillant ne cède en rien aux romans les plus intéressans; mais on la soupçonne d'y ressembler aussi sous les autres rapports. Les Français soutiennent toutefois que M. Levaillant n'a jamais altéré la vérité matérielle des faits, mais qu'il s'est plu à les revêtir seulement d'un coloris capable de plaire à l'imagination des lecteurs. Cette petite faiblesse, ainsi s'exprime M. de la Richarderie, ne saurait détruire l'importance ni faire suspecter l'authenticité de la relation de M. Le Vaillant; quant à l'authenticité, cependant, elle ne peut être comparée à celle de M. Barrow, et comme il est impossible de conserver le charme du style dans une courte analyse, nous suivrons les pas du dernier voyageur.

Il est certain que M. Levaillant a rendu d'importans services à l'ornithologie ; il a rapporté à Paris une peau de giraffe (1) ou camelopardalis, espèce rare et jusqu'alors connue seulement par le récit des voyageurs. Il vérifia le premier que l'excroissance appelée le tablier des femmes hottentotes, est la prolongation d'une membrane particulière : mais il la croit un produit factice, tandis que M. Barrow la regarde comme un ouvrage de la nature.

En 1797, M. *Barrow* parcourut tout le territoire de la colonie jusqu'à la rivière Orange. Peu d'hommes ont possédé, dans un degré aussi éminent, les qualités nécessaires au voyageur. L'exactitude et la sagacité de ses observations, le soin qu'il mettait à étudier l'homme sous toutes les faces, enfin sa connaissance approfondie des différents règnes de la nature le mettait en état de tracer un tableau parfait. Le gouvernement s'empressa d'ailleurs de lui fournir tous les secours, tous les renseignements possibles ; aussi sa relation, supérieure à toutes celles qui

---

(1) Elle se voit maintenant, empaillée, au cabinet royal d'hist. naturelle à Paris.   *Note du Traducteur.*

l'ont précédée, a-t-elle servi de base à toutes celles qui l'ont suivie.

M. Barrow commence par donner une idée de l'étendue de la colonie, établie d'après les arpentages ordonnés par le gouvernement, pendant le cours de son voyage. La plus grande longueur, depuis la pointe du Cap jusqu'au pays des Caffres, est de cinq cent quatre-vingts milles; la plus petite, depuis la rivière Koussie jusqu'à Zuureberg, est de cinq cent vingt milles ; la plus grande largeur, depuis la rivière Koussie jusqu'à la pointe du cap, est de trois cent quinze milles, et la plus petite, depuis les montagnes de Nieuweldt jusqu'à la baie de Plettenberg, est de cent soixante milles, ce qui donne, pour terme moyen, une longueur de cinq cent cinquante milles, et une largeur de deux cent trente-trois. Cette vaste contrée, non compris la ville du Cap, ne contient pas plus de quinze mille blancs, ensorte que chaque individu peut être regardé comme propriétaire de huit milles et demi, carrés, de terrein ; mais une grande partie de cet espace semble vouée par la nature à une éternelle stérilité.

D'immenses chaînes de montagnes le traversent en s'élevant les unes derrière les autres; toutes, à l'exception d'une qui longe l'océan Atlantique, se prolongent dans la direction de l'est à l'ouest; les plaines intermédiaires, chargées d'une couche impénétrable d'argile, recouverte d'un sable cristallisé, sont condamnées à une perpétuelle sécheresse.

La première grande chaîne de montagnes suit une direction parallèle à la côte de l'est à l'ouest, et comprend entre elle et la mer une ceinture de terrein variant depuis vingt jusqu'à soixante milles de largeur, fertile, abondante en bois et en sources, et jouissant d'une température plus égale et plus douce que le reste de la colonie. Derrière cette chaîne s'élève, à quelque distance, le Zwarte-Berg ou montagne Noire, bien plus haute et plus escarpée que la précédente ; le territoire renfermé entre ces deux chaînes de montagnes, se compose partie d'un sol fertile, partie d'une terre argileuse stérile, nommé Karroo. Une troisième chaîne, appelée le Nieuweldts-Gebirgte, vient après le Zwarte-Berg, et le surpasse de beaucoup en hauteur ; un désert aride, long de trois cents milles environ, large de quatre-vingts, sépare ces deux dernières chaînes et forme la troisième échelle ou terrasse de l'Afrique méridionale.

La capitale de la colonie, le *Cap*, seule place qui mérite le nom de ville, contient onze cents maisons régulièrement alignées et formant des rues qui se coupent à angles droits. Entre la ville et la montagne de la Table sont situées un grand nombre de charmantes maisons de campagne ; on y cultive avec succès les fruits d'Europe et du Tropique, et plusieurs espèces de légumes. Le *bois* de construction, le bois de chauffage même, est extrêmement rare, et beaucoup de familles sont obligées d'employer constamment un esclave à parcourir les montagnes pour y ramasser des fagots. Il en coûte annuellement mille à douze cents francs pour entretenir le seul feu de la cuisine. Pour la variété et la beauté des productions botaniques, le cap surpasse tous les autres pays du monde ; pour les plantes à racine bulbeuse, surtout, il est sans rival.

Les *Hollandais du Cap* montrent le

même flegme, la même apathie que leurs compatriotes Européens, sans avoir leur persévérante industrie ; abandonnant tout le travail aux esclaves, ils passent leur temps à manger des ragoûts excessivement épicés, à boire des liqueurs fortes et à fumer. Leur santé souffre nécessairement de leur inertie, de leur inaction, et peu d'entr'eux vont au-delà de soixante ans. Les femmes ne partagent point ce caractère flegmatique : jolies, vives, enjouées, affables, elles aiment passionnément la société, mais abusent rarement de l'extrême liberté dont elles jouissent.

La *montagne de la Table*, qui domine le Cap, offre le modèle de la structure commune à toutes les montagnes de cette partie de l'Afrique : sa base, et la plaine sur laquelle la ville est bâtie, se composent d'un lit de schiste bleu sur lequel s'étend une couche épaisse d'argile ferrugineuse renfermant d'immenses blocs de granit ; au-dessus, l'on trouve un lit horizontal de roche sablonneuse, puis une couche de quartz gris de mille pieds de profondeur, le tout recouvert d'un nouveau lit de roche sablonneuse. On ne rencontre aucun débris marin dans les flancs de la montagne.

Pour voyager dans l'Afrique méridionale, on loue de grands chariots attelés de dix ou douze bœufs, qui marchent de cinq à quinze heures par jour et font trois milles à l'heure. Après avoir passé la montagne de la Table, M. Barrow atteignit l'isthme de sable, élevé de près de trente pieds au-dessus du niveau de la mer. On y trouve, le long de la côte orientale, à une hauteur de plusieurs centaines de pieds, des monceaux de coquillages accumulés principalement dans les cavernes, et transportés là, suivant l'opinion de M. Barrow, par les légions innombrables d'oiseaux de mer qui fréquentent les rivages africains. Notre voyageur entra dans une grande vallée bordée par les montagnes détachées de Tigerberg, Paarlberg, Simonsberg, et par une haute chaîne qui ferme son extrémité orientale; cette vallée produit une grande quantité de vin. Un acre de terre y rend jusqu'à cinq pipes de cent cinquante quatre gallons chacune, et qui se vendent depuis dix jusqu'à trente livres sterling. Le raisin du cap ne le cède en rien à celui des autres contrées, et la qualité inférieure du vin ne peut être imputée qu'à une fermentation imparfaite, et à l'usage de vendanger avant la maturité complette. L'eau-de-vie, par l'effet d'une distillation trop précipitée, conserve toujours un goût fortement empyreumatique.

Le *paysan* hollandais du cap, surpasse encore ses compatriotes en apathie, et n'a pas même l'idée de ce que le fermier anglais appelle *comfort* (aises, commodités de la vie); à peine voit-on quelques meubles dans son habitation, dont les fenêtres n'ont point de vitres; les planchers, grossièrement assemblés, fourmillent d'insectes; il n'a ni vin, ni lait, ni légumes, ni racines, quoiqu'il puisse s'en procurer aisément. Son seul plaisir, c'est sa pipe, qu'il n'ôte jamais de sa bouche que pour boire son verre d'eau-de-vie et faire ses trois repas par jour, repas consistant uniquement dans un morceau de mouton nageant dans la graisse. La mère de famille et ses filles passent des journées entières les bras croisés, et dans la plus complète inaction, assises autour d'une table chargée d'une cafetière toujours bouillante : point de bals, de concerts, de société, pas la moindre diversion ; l'histoire du jour est celle du lendemain, celle de toute leur vie dont un voyage à la ville, à l'église, un mariage, un vol de bestiaux commis par les Bosjesmans, forment les seuls incidents. Quoique chacun des cultivateurs occupe une ferme de plusieurs milles carrés, deux voisins s'accordent rarement sur les limites de leur propriété respective, et se disputent souvent pour un quart d'acre. C'est la manière singulière de mesurer les terres qui produit presque tous les différends. On en détermine l'étendue d'après le temps employé à les traverser en tous sens ; il y a un officier préposé à cet arpentage, contre lequel il s'élève souvent des réclamations, parce qu'on accuse l'arpenteur d'allonger ou de raccourcir le pas, selon qu'il veut desservir ou favoriser le propriétaire. A peine ces colons campagnards savent-ils lire et écrire, et les maîtres d'école ne pourraient exister s'ils se bornaient à l'enseignement ; ils se livrent à d'autres travaux moyennant salaire, et notre voyageur en vit un qui traînait une charrue guidée par un Hottentot. Les colons exercent l'hospitalité dans toute son étendue ; excepté l'habitation de son plus proche voisin, avec lequel il est ordinairement en querelle, le colon visite toutes celles qui se trouvent sur sa route, il entre sans cérémonie, salue la famille, s'assied, et en agit enfin comme s'il était chez lui.

M. Barrow entra dans le Karroo ou Grand Désert, à travers lequel il voyagea neuf jours dans la direction de l'est, sans trouver vestige d'habitation : il rencontra seulement un nourrisseur de bestiaux qui en menait un troupeau considérable au cap. M. Barrow attribue à l'âcreté, à l'aridité des plantes dont ces bestiaux sont obligés de se nourrir en traversant le désert, la mauvaise qualité de la chair des animaux que l'on mange au cap. Il fit route au milieu des deux grandes chaînes de Zwarte-Berg et de Nieuweldt, toutes deux couvertes de neige ; la dernière, autant qu'on peut en juger de si loin, n'a pas moins de dix mille pieds de haut. Sur les bords de la rivière Sion, dans un passage du Zwarte-Berg, il trouva une ferme entourée de quelques habitations, et formant une espèce d'oasis. Après s'y être reposé quelque temps, il rentra dans le désert, et mit sept fortes journées à se rendre au village de Graaf-Reynet, situé sur la frontière du pays des Caffres.

Graaf - Reynet, à cinq cents milles du cap, est un assemblage de huttes de terre d'un aspect plus misérable que le plus pauvre village d'Angleterre, et dont les murailles et les planchers sont infestés de termites. Au milieu de ces pauvres cabanes il existe une prison, mais si délabrée, qu'un homme s'en échapperait facilement dès la première nuit en perçant le mur. Malgré la fertilité du terroir, l'indolence des habitans est telle, qu'on manque à Graaf-Reynet des objets de première nécessité ; point de lait, de beurre, ni de fromage, point de boucher, d'épicier, de boulanger. Les habitans de ce canton et leurs voisins, ceux de Bruntjeshoogte, ne respiraient que la guerre contre les Caffres : pour justifier leurs hostilités, ils accusaient ce peuple d'avoir outre-passé ses limites ; mais dans le fait, ils ne cherchaient que l'occasion de piller et d'enlever des troupeaux. En conséquence, ils reçurent ordre de poser les armes, et l'on entra en négociation avec les Caffres. M. Barrow résolut d'accompagner l'ambassade. Avant son départ, il fit une excursion à Zwartkops ou *Baie d'Algoa*, il ne vit, dans sa route, rien de remarquable qu'un lac salé, le plus grand de l'Afrique méridionale, où ces lacs, très communs, sont nommés *chaudières de sel*. L'eau du lac, salée comme de la saumure, était couverte d'une croute de sel transparente comme la glace, et dure comme la pierre. Les vents secs produisent un sel fin semblable à des flocons de neige, et dont on fait grand cas. Les lions sont très-nombreux dans ce canton; M. Barrow conteste fortement le courage et l'héroïsme que l'opinion attribue à ce roi des forêts, lâche et traître, suivant lui, et n'attaquant jamais qu'en embuscade. La baie de Zwartkops ou d'Algoa offre un bon ancrage, mais point d'abri; elle abonde en poissons, et surtout en baleines noires. La contrée est fertile et bien boisée : mais le manque de débouchés rend les colons très-misérables.

En revenant à Graaf-Reynet, M. Barrow

eut occasion d'observer l'excessive diminution de la race hottentote. Vingt ans auparavant, leurs nombreux kraals contenaient une population considérable ; elle est aujourd'hui (1) anéantie ou réduite à l'esclavage. Un seul de leurs anciens chefs subsiste encore. Les malheureux sont traités avec une barbarie révoltante ; le fouet, administré avec des nerfs de bœuf, est le moindre de leurs châtimens ; souvent un maître cruel leur tire dans les jambes un fusil chargé de petit plomb, et quelquefois les tue dans un accès de brutalité. On mesure le châtimènt du fouet, non par le nombre des coups, mais par une certaine durée de temps, ordinairement celui qu'il faut au maître pour fumer une quantité déterminée de pipes. Cet usage atroce a prévalu dans plusieurs autres colonies hollandaises.

Le *Hottentot*, dit M. Barrow, est doux, paisible, timide, probe et fidèle ; bon et sensible, il partage tout ce qu'il possède avec ses compagnons. L'indolence est son défaut capital ; la terreur seule peut la

---

(1) En 1797.

vaincre, elle ne céderait pas même aux besoins de la faim, quoique la gloutonnerie des Hottentots soit sans exemple : six d'entré eux mangent un bœuf de moyenne taille en six jours. Leur mot, pour exprimer le bonheur, c'est « manger et dor- « mir. » Ils ont l'habitude d'enduire leur corps d'une épaisse couche de graisse, usage dégoûtant, il est vrai, mais préservatif excellent contre la chaleur dévorante du climat. Dans leur jeunesse, les Hottentots des deux sexes sont assez bien proportionnés ; mais en avançant en âge, ils se déforment et prennent un embonpoint excessif, les femmes surtout. M. Barrow évalue à dix mille le nombre des Hottentots existans dans le district de Graaf-Reynet.

La députation se mit en route pour la Caffrerie, après avoir refusé une escorte de colons qui, sous le prétexte de veiller à sa sûreté, nourrissaient de secrets desseins de pillage. La députation prit la courageuse résolution de se fier à la bonne foi des *Caffres*, et de ne montrer aucune crainte. Elle en rencontra bientôt une horde de trois cents environ. Les hommes étonnèrent nos voyageurs par la beauté de leurs formes, leur taille élevée, leur robuste apparence et leur mâle contenance. Les femmes, grandes, bien faites et d'un extérieur assez agréable, les charmèrent par une affabilité et un enjouement qui n'excluaient en rien la modestie. Leurs habitations, construites en branchages dans une forme ovale, couvertes de gazon, n'avaient évidemment qu'une destination temporaire. La députation ayant porté plainte contre les irruptions faites dans la colonie, les chefs répondirent qu'ils avaient seulement usé de représailles, et promirent que l'Angleterre pouvait compter à l'avenir sur la bonne conduite de leurs sujets, pourvu que les Caffres, de leur côté, n'eussent plus rien à craindre ; cela parut très-juste ; cependant on ne put rien conclure sans l'approbation du roi Gaika avec lequel ces chefs étaient en querelle. La députation se rendit donc au village, séjour ordinaire de Gaika, et y arriva en peu de jours ; il était absent, et venait de partir pour un village voisin, sur la nouvelle que des loups menaçaient son troupeau : mais il parut bientôt, monté sur un bœuf qu'il poussait au grand galop. Il témoigna beaucoup de plaisir à voir les députés, entama franchement la question, observa qu'aucun dégât n'avait été commis par ses propres sujets, mais par des chefs qui, tout en reconnaissant son autorité, ne montraient pas une soumission parfaite et le mécontentaient fréquemment. Il agréa toutes les conditions proposées qui, outre le maintien de la paix entre les cantons limitrophes, contenaient l'obligation de porter secours aux vaisseaux qui feraient naufrage sur la côte des Caffres. En effet, depuis ce traité, les naufragés ont éprouvé le meilleur traitement, sans avoir à redouter d'autres pertes que les boutons de métal de leurs habits, objet de tentation irrésistible pour les Caffres.

Les Caffres sont très-noirs; mais ils n'ont aucun des traits de la race nègre, et ils diffèrent peu, sous ce rapport, des plus belles nations de l'Europe. M. Barrow ayant demandé pourquoi il voyait si peu de traces d'agriculture, le roi lui répondit que cet état de choses provenait des guerres dans lesquelles la nation se trouvait engagée depuis quelques années; mais, dans le fait, les Caffres s'adonnent plus volontiers et presqu'uniquement aux soins des troupeaux ; ils préféreraient la chasse, mais le pays est épuisé de gibier. Leurs troupeaux obéissent avec une étonnante docilité ; au moindre signal d'un sifflement modifié suivant le commandement, un troupeau considérable marche, s'arrête, sort des parcs pour aller au pâturage, et rentre pour se laisser traire. Les Caffres vivent principalement de laitage, et c'est dans les grandes occasions seulement qu'ils se régalent de chair de vache. Ils vivent sur une des côtes les plus abondantes en poisson, et cependant, chose très-remarquable, ils ne font point usage de cet aliment ; ils ne possèdent même de barques ni de canots d'aucune espèce. Adroits et ingénieux, ils savent façonner le fer sans autres instrumens que deux pierres dont l'une sert d'enclume et l'autre de marteau. Ils se font des vêtemens en peau de veau qu'ils cousent avec des aiguilles de fer poli et des fibres d'animaux sauvages. Les mariages se concluent par échanges : un bœuf et deux vaches sont le prix commun d'une femme. La polygamie est permise ; mais les chefs seuls profitent de ce privilége, à raison de la cherté des femmes : ils les achettent de préférence chez les Tambookies, tribu voisine. On voit rarement les femmes trahir la fidélité conjugale.

En revenant de la Caffrerie, la députation fit un voyage vers le nord au *Sneuwberg* ou Montagne de neige, dans le dessein d'observer cette contrée mal connue, et les sauvages Bosjesmans qui l'habitent. Dans les flancs de la montagne, les voyageurs visitèrent une caverne qui avait servi de retraite à quelqu'un de ces malheureux ; M. Barrow y remarqua, avec surprise, une figure d'animal, dessinée avec une pureté, un esprit, une vérité qui eussent fait presque honneur à un artiste européen ; on s'était servi de charbon, de terre de pipe et de différens ocres. Il vit, dans l'habitation du commandant de Sneuwberg, un Bosjesman prisonnier qui dépeignit ses compatriotes comme le peuple le plus misérable, en proie aux souffrances et aux besoins de tout genre, voyant en toutes les nations environnantes autant d'ennemis acharnés à sa destruction, et tremblant même au cri d'un oiseau.

Le Snéuwberg offre un aspect tout différent des parties voisines du Cap. C'est bien la même base de schiste bleu : mais les couches supérieures consistent en roches sablonneuses, horizontalement disposées, sans aucun mélange de ces masses quartzeuses qui distinguent les autres chaînes de montagnes. Cette région, entièrement dépourvue de bois, produit d'excellens pâturages et du bled en grande abondance, malgré les ravages des sauterelles, ce fléau général de l'Afrique. Les colons de ces cantons possèdent les plus beaux troupeaux de la colonie, mais vivent au milieu des alarmes, à cause du voisinage des féroces Bosjesmans ; le cultivateur ne peut vaquer, sans armes, à ses travaux ou à ses affaires. Cet état perpétuel de dangers les rend plus actifs, plus courageux que les autres colons ; leurs femmes même s'aguerrissent, et, plus d'une fois, on les a vues, armées de fusils, aider les hommes à repousser les assaillans.

Les voyageurs s'avançant précédés de

quelques éclaireurs, afin d'observer le pays, surprirent un kraal de *Bosjesmans*. Malgré un ordre exprès, deux des guides firent feu sur les premiers qu'ils aperçurent ; soudain tous les habitans du kraal prirent la fuite en poussant des cris effrayans, et se réfugièrent sur le sommet des rochers : cependant, voyant qu'on ne les poursuivait pas et qu'on leur offrait des présens, ils se rassurèrent ; les enfans se rapprochèrent d'abord, les femmes ensuite, enfin quelques hommes. Il n'existe peut-être pas de race plus hideuse. Leur protubérance postérieure consiste en graisse, qui frémit et tremble comme une masse de gelée lorsqu'ils marchent. Les Bosjesmans sont néanmoins plus gais, plus actifs, plus industrieux que les Hottentots. A l'égard de l'inimitié, qui règne entre eux et les colons, M. Barrow impute les principaux torts à ces derniers.

Après son retour au Cap, M. Barrow entreprit seul un voyage au pays des Namaquas, en suivant la côte occidentale. Dans cette partie de la côte, le sol se compose presqu'entièrement de sable pur, mais singulièrement fertile ; le froment, l'orge, toute espèce de végétaux y croissent à l'aide d'une faible culture, et le caractère meuble du terroir dispense à peu près du labourage. Les montagnes de ce canton se composent de roches sablonneuses, qui souvent s'élèvent à une hauteur immense, en colonnes, en pyramides, en obélisques, qu'on prendrait pour des ouvrages de l'art.

Les *Namaquas* ne diffèrent pas essentiellement des Hottentots pour l'extérieur : mais ils parlent un langage tout-à-fait différent. Derrière eux, dans une contrée stérile, sur l'autre bord de la rivière Orange, habitent les *Damaras* qui tirent toute leur subsistance de la vente du cuivre ouvré, que leurs montagnes fournissent en abondance.

M. Barrow, dans un second voyage en Caffrerie, obtint quelques notions sur les *Boshuanas*, qu'une circonstance particulière fit tout-à-fait connaître plus tard.

En 1801, la colonie éprouvant une disette de bétail, le gouverneur fit partir MM. *Trutter et Sommerville* avec un secrétaire, une escorte, un certain nombre de paysans hollandais et une troupe de

Hottentots, afin de se procurer, s'il était possible, des provisions dans quelques-uns des cantons les plus éloignés de la colonie. Au sortir du grand Karroo, ils entrèrent dans le pays des Bosjesmans dont ils aperçurent un petit nombre, offrant tous l'apparence de misère extrême remarquée par les précédens voyageurs ; ils arrivèrent ensuite sur les bords de la rivière Orange habités par une tribu de Hottentots nommés *Kora* ou Koranas, bien supérieurs aux Bosjesmans ; étrangers à l'agriculture, ils possèdent néanmoins des bestiaux en assez grande quantité, et sont plus propres, plus actifs, plus intelligens que les tribus méridionales. Les voyageurs trouvèrent, parmi eux, un Boshuana qui, par ses récits, leur inspira le desir de visiter son pays ; guidés par lui, ils atteignirent la frontière, et envoyèrent un des leurs à *Litakou*, capitale de la contrée ; il revint bientôt avec quatre députés, chargés par le roi de leur porter l'assurance d'une réception amicale. Le lendemain, arrivèrent quatre autres députés dont un frère du roi. Les voyageurs continuèrent, avec eux, leur route à travers un pays agréable, fertile et bien arrosé. Arrivés, au bout de quelques jours, à Litakou, ils virent avec surprise une grande ville contenant environ trois mille maisons et douze à quinze mille habitans. Le roi, vieillard vénérable, les accueillit de la manière la plus cordiale, les fit loger chez lui, et les présenta à ses deux femmes. La figure et les vêtemens des voyageurs excitèrent vivement la curiosité générale, celle des femmes surtout. La manière dont leurs cheveux étaient arrangés fut, entre autres choses, un sujet d'étonnement ; les habitans imaginèrent qu'ils portaient une queue d'animal attachée derrière la tête. Les Boshuanas montrent une intelligence extrême dans la construction de leurs maisons ; chacune d'elles, revêtue d'une enceinte, contient des appartemens séparés pour les diverses branches de la famille; le terrein est disposé de manière à ce que les eaux puissent s'écouler facilement, et la cuisine, placée au dehors, n'incommode pas l'intérieur par la fumée qui remplit les habitations des autres peuplades. Un épais mimosa protège chaque maison contre l'ardeur du soleil ; on veille à la conservation de cet arbre utile avec un respect religieux. Les habitans ne sont pas tout-à-fait noirs comme les Caffres orientaux ; les uns sont bronzés, les autres bruns à peu près comme les Hottentots. Moins grands et moins vigoureux que les Caffres, ils sont plus avancés dans les arts et la civilisation ; adonnés à l'éducation des troupeaux, ils cultivent cependant la terre et recueillent diverses espèces de graines, principalement le *holcus surgum* qu'ils mangent bouilli avec du lait. Ce sont les femmes, comme chez tous les peuples sauvages, qui font tous les travaux de l'agriculture. Les Boshuanas aiment passionnément le tabac, ils mangent la chair de tous les animaux sauvages qu'ils tuent à la chasse, celle même des loups, des léopards et des hyènes. Ils refusèrent avec mépris, dans les échanges proposés, des couteaux offerts par les voyageurs, et leur en montrèrent de meilleurs, à deux tranchans, qu'ils fabriquaient eux-mêmes. Les bestiaux, les couteaux, les grains de verroterie étaient leurs principales marchandises, et circulaient parmi eux comme monnaie.

Le gouvernement des Boshuanas est tout patriarchal. Les vieillards forment un conseil, sans l'avis duquel le roi ne commence aucune entreprise importante. Le conseil juge aussi les différends qui s'élèvent entre les habitans, différends que la douceur de leur caractère rend très-rares et très-faciles à arranger.

Les voyageurs se proposaient de s'avancer vers le nord pour visiter les *Barrolous*, tribu sur laquelle ils avaient obtenu déjà quelques détails : mais le roi de Litakou leur inspira, sur cette nation, des alarmes qui le détournèrent de ce projet. Dans leur route pour revenir au Cap, ils rencontrèrent un Hottentot qui avait séjourné chez les Barrolous ; il leur en fit une peinture toute différente, et leur assura que ce peuple était plus doux, plus hospitalier, plus civilisé que les Boshuanas, que leurs villes étaient plus grandes et mieux bâties, que leurs champs étaient cultivés avec plus de soin, et qu'il n'y avait pas plus de dix journées de distance entre leur capitale et Litakou. Ils jugèrent, d'après cela, que la jalousie ordinaire entre les états voisins avait seule inspiré le roi de Litakou : cependant, on eut lieu, par la suite, de reconnaître que son récit n'était pas tout-à-fait destitué de fondement.

Les rapports de MM. Trutter et Sommerville inspirèrent au gouvernement de la colonie le louable desir de pousser plus loin ses intéressantes découvertes. Lord Caledon fit donc partir une expédition de vingt personnes sous le commandement du docteur *Cowan* et du lieutenant *Donovan*, avec instruction de pénétrer, à travers le continent africain, jusqu'aux établissemens portugais de Mosambique ou de Sofala. Le 24 décembre 1808, on reçut au Cap une lettre du docteur Cowan qui se trouvait alors auprès de Makkrakka, chef indépendant du roi de Litakou. Les voyageurs étaient alors à 24° latitude sud, à douze journées environ au-delà de Litakou. Selon la lettre, cette contrée, la plus riche et la plus belle que nos voyageurs eussent vu en Afrique, était arrosée par la rivière Meloppo qui sortait d'un vaste lac, et courait dans la direction du nord-est. Makkrakka, non content de leur faire le meilleur accueil, avait voulu que son frère leur servît de guide et les conduisît à la tribu des Wanketchies. Cependant des bruits inquiétans s'étant élevés, lord Caledon envoya un vaisseau à Sofala pour prendre toutes les informations possibles. On sut bientôt que le roi de Zaire, au moment où les voyageurs traversaient son territoire, entre Inhambane et Sofala, leur avait inutilement demandé un des chariots qui servaient au transport de leurs bagages; que, sur leur refus, il les avait fait attaquer à l'improviste pendant la nuit, et que deux seulement avaient échappé au massacre. Le gouverneur de Mosambique envoya, dans le pays, des Nègres sûrs qui revinrent avec les mêmes informations.

M. Campbell, qui fit depuis un voyage chez les Boshuanas, acquit, à Litakou, la certitude de ce funeste événement, mais avec des détails différens. Suivant ces rapports, la catastrophe aurait eu lieu dans le pays des Wanketzens, les mêmes, sans doute, que Cowan désigne sous le nom de Wanketchies. Ce peuple perfide reçut d'abord très-bien les voyageurs, mais avec l'intention de saisir le moment favorable pour les massacrer et piller leurs effets.

Les deux chefs de l'expédition allèrent imprudemment se baigner, laissant une partie de leur monde à la garde des bagages, et l'autre pour veiller sur les troupeaux ; les habitans attaquèrent successivement les détachemens isolés ; un seul échappa, mais, repris ensuite, il fut massacré comme tous ses compagnons. M. Campbell vit la plaque du bonnet de M. Donovan, officier d'infanterie légère, ainsi que d'autres pièces d'habillement et d'ornement. La différence des versions relatives à ce déplorable événement provient des différentes sources où elles ont été puisées : mais la réalité du fait n'est malheureusement que trop certaine.

Dans le cours des années 1803 à 1806, le docteur Henri *Lichtenstein* visita plusieurs cantons de l'Afrique méridionale. Comme on retrouve, dans son voyage, les mêmes détails que dans celui de M. Barrow, nous nous contenterons d'extraire de sa relation les faits relatifs aux Boshuanas ; ce peuple, si intéressant et si peu connu, mérite qu'on réunisse toutes les informations capables de le faire mieux connaître.

Un Boshuana, nommé Kok, servit de guide au docteur Lichtenstein et à ses compagnons. Il rencontra bientôt des bergers assis à l'ombre d'un grand arbre; ils se levèrent aussitôt, s'avancèrent vers les voyageurs en les saluant par un *morra*, emprunté de l'expression *good morrow* (bon jour), qu'ils avaient apprise des missionnaires. A la vue de Kok, ils témoignèrent leur joie en poussant de grands cris et en frappant dans leurs mains. M. Lichtenstein, ignorant le motif de ces démonstrations, conçut d'abord de vives craintes sur les dispositions de ce peuple; mais fut bientôt rassuré par les caresses que Kok reçut de ses compatriotes, par le tendre intérêt avec lequel ils le questionnèrent sur quelques gens du pays qui l'avaient accompagné et par les regrets pathétiques qu'ils donnèrent à leur mort. Cette entrevue fit prendre à M. Lichtenstein l'idée la plus favorable du caractère des Boshuanas. Nos voyageurs s'avancèrent donc sans crainte, et arrivèrent bientôt dans un village dont les habitans les reçurent avec les mêmes témoignages de bienveillance et de cordialité; les femmes surtout s'empressèrent de leur offrir du tabac et des provisions. Au sortir de ce village, la troupe traversa la rivière Kuruhman, et, par une route pratiquée à travers une vaste forêt, ils gagnèrent Litakou. On les conduisit à un endroit ombragé par trois superbes mimosa, en leur disant que le plus grand était l'arbre favori du roi. Une foule immense se rassembla soudain autour des voyageurs qui, par l'organe de Kok, témoignèrent le désir de voir le roi. Bientôt ils virent paraître un homme de soixante ans environ, d'un extérieur grave, les épaules couvertes d'un manteau, la tête coiffée d'un chapeau, s'avançant lentement, accompagné d'un cortège nombreux de vieillards qui formaient un demi-cercle derrière lui ; il les salua affectueusement, et promit de les visiter dans leur logement. Après un moment de conversation, le roi prit sa pipe et, l'ayant allumée, en aspira la fumée à grands traits selon la méthode africaine, puis la remit à son premier ministre qui, suivant l'exemple de son maître, la transmit à un autre. La pipe passa ainsi, de main en main, jusqu'à la personne la moins considérable de la suite du roi qui prit congé aux approches de la nuit.

Depuis cette première entrevue, les visites se succédèrent fréquemment. Un jour même, le roi amena ses deux femmes au logement des étrangers ; une d'elles, nommée Makaitchoäh, âgée de vingt-deux ans au plus, et douée d'une grande beauté, devait à cette qualité le rang suprême auquel le monarque l'avait élevée ; la seconde, appelée Marani, âgée à peine de quinze ans, quoique moins belle, était une charmante personne. Une profusion d'ornemens indiquait leur rang ; de riches fourrures bordaient leurs manteaux, et derrière l'épaule gauche pendait une touffe de queues de chats. Un grand nombre de colliers d'os, de corail, de morceaux de cuivre retombaient sur leur poitrine qu'ils couvraient entièrement. Makaitchoäh portait jusqu'à soixante-douze rangs de plaques de cuivre qu'elle prenait un plaisir extrême à voir regarder et compter, les considérant elle-même comme la marque de sa dignité. Toutes deux trouvèrent le thé peu agréable, et montrèrent une préférence marquée pour le vin et surtout pour l'eau-de-vie. Elles questionnèrent, avec curiosité, les voyageurs sur la condition et les occupations des femmes européennes, et observèrent finement qu'on ne pouvait suivre, dans leur pays, les lois d'Europe relativement au mariage, à cause du grand nombre d'hommes qui périssaient dans les guerres continuelles auxquelles leurs peuplades se trouvaient exposées. Le vin et le plaisir de la conversation retinrent les princesses plus long-temps qu'on ne l'avait espéré ; il était nuit close avant qu'elles songeassent à se retirer.

Une demande indiscrète du roi détermina le docteur Lichtenstein à presser son départ. Ce prince, prêt à déclarer la guerre à son voisin Makkrakka, pria nos voyageurs de l'accompagner dans cette expédition, et de l'aider de leurs armes à feu. Le docteur Lichtenstein refusa positivement, et malgré le desir qu'il éprouvait de visiter les cantons du sud-ouest, en évitant le théâtre des hostilités, il se décida, d'après le mauvais état de ses équipages, à retourner directement au Cap.

Les Boshuanas, que le docteur appelle de préférence Betjouanas, Sihtjuanas ou

Muhtjuanas, se composent de plusieurs tribus appartenant à la même race, et occupant un territoire de cinq journées d'étendue, à treize journées et au nord de la rivière Kuruhman. Les Matchapins ou Maatjapings, possesseurs de Litakou, sont, comparativement, une petite tribu qui ne compte pas plus de cinq mille guerriers. A dix journées et à l'est, se trouvent les Thammacha, peuplade beaucoup plus considérable, et, au nord, sont les Chojaa et les Muchurutzi, dont les derniers passent pour les plus braves de tous les Boshuanas. Trois jours de marche, vers l'est, conduisent de ces tribus chez les Wanketsi, la plus faible des tribus Boshuanienes. Entre eux et les Maatjapings habitent deux tribus de Muruhlongs (les Barrolous de Trutter) dont une, gouvernée par Makkrakka, unie auparavant avec Litakou, vit maintenant indépendante, et peut mettre sur pied dix mille combattans. Dans l'ouest, résident les Matsaroquas, peuplade douce et hospitalière. De toutes les tribus, la plus nombreuse est celle des Macquinis qui habitent les régions les plus reculées au nord-est; ils sont renommés par leur adresse à travailler les métaux; ils en fabriquent des armes, des aiguilles, des colliers, toutes sortes d'ustensiles et de bijoux, qui parviennent jusqu'aux Caffres et aux Maatjapins après avoir passé par trois ou quatre mains; leur pays est coupé, dit-on, d'une large chaîne de montagnes, riche en mines de fer et de cuivre. M. Salt pense qu'il ne faut pas comprendre les Macquinis parmi les tribus boshuaniennes.

Le langage et l'extérieur des Boshuanas prouvent qu'ils ont la même origine que les Caffres. Les hommes sont, à la vérité, moins grands, moins robustes, moins bien faits; mais, en revanche, les femmes sont beaucoup plus belles. Plus civilisés et plus industrieux, ils construisent et cultivent mieux; toutefois l'éducation des bestiaux est leur principale occupation, et plusieurs d'entre eux possèdent huit à dix troupeaux séparés : les hommes veillent sur les troupeaux, tandis que les femmes travaillent à la terre. Ce peuple, ainsi que les Caffres, ne mange jamais de poisson, quoique la plupart des rivières en contiennent d'excellens. Naturellement doux et humain, il conserve cependant un usage barbare : au retour des expéditions militaires, dans leurs festins, chaque guerrier apporte un morceau de la chair de l'ennemi qu'il a tué sur le champ de bataille ; on la rôtit et on la mange, après quoi, le prêtre fait, le long de la cuisse du guerrier, une incision dont la cicatrice ineffaçable devient un témoignage authentique de sa valeur.

Dans ces diverses tribus, le souverain jouit d'un pouvoir absolu, et ses sujets lui montrent le plus profond respect. Toutefois il entreprend rarement une affaire importante sans assembler le conseil des chefs ; jamais, sans en être prié, il n'intervient dans les querelles particulières ; mais, lorsqu'on en réfère à son jugement, sa sentence est sans appel, et ordinairement exécutée de sa propre main.

Le docteur *Campbell*, sur la demande de la société missionnaire, entreprit, après M. Lichtenstein, un nouveau voyage dans la même partie de l'Afrique. Ce n'est pas le moment d'examiner si cette bienveillante association peut se promettre de grands succès dans l'Afrique méridionale : on remarquera seulement que le voyage du docteur Campbell n'a point été inutile à la science géographique, quoiqu'elle en fût objet très-secondaire.

Notre voyageur franchit le désert de Karroo et les hauteurs de Sneuwberg par la même route que MM. Trutter et Sommerville. Il trouva, dans ce dernier canton, un établissement missionnaire en assez mauvais état et très-mal dirigé. Après avoir traversé le territoire des Bosjesmans qu'il appelle Bushmen (hommes des bois), et celui des Coranas, il atteignit Litakou. Le roi était absent. La solitude qui régnait dans la ville, frappa de surprise notre voyageur et son escorte ; cependant il avança, et, sur la grande place, située devant le palais du roi, il trouva environ trois cents hommes armés et rangés en bataille ; bientôt la place fut remplie d'une nombreuse troupe d'hommes, de femmes et d'enfans ; tous témoignèrent d'abord de la froideur, de la défiance, parce qu'ils imaginèrent, comme on le sut depuis, que les étrangers venaient pour tirer vengeance de la mort du docteur Cowan et de ses compagnons. Dès qu'ils furent rassurés sur ce point, ils montrèrent une grande bienveillance à nos voyageurs, et s'en approchèrent avec empressement pour satisfaire leur curiosité et obtenir des présens. Afin de se mettre à l'abri de leurs importunités, ceux-ci se virent obligés de se renfermer dans une enceinte formée avec leurs chariots. C'était surtout le tabac qui excitait les desirs et les sollicitations des habitans.

Peu après l'arrivée des voyageurs parut Matibé, souverain actuel, fils du roi qui avait reçu M. Lichtenstein : il revenait de la chasse, accompagné d'une suite nombreuse armée de lances et d'épieux ornés de plumes d'autruche. Il traversa la place sans avoir l'air de remarquer les étrangers; mais au bout de dix minutes, il les fit appeler. Sa première réception ne fut pas très-gracieuse, et il commença par rejetter la proposition d'établir une mission permanente à Litakou, en alléguant que ses sujets, trop occupés du soin de leurs troupeaux, des travaux de l'agriculture et d'autres branches d'industrie, n'avaient pas le temps de s'instruire; cependant, sur les observations du docteur Campbell qui lui prouva la supériorité des Européens, par les objets qu'il avait apportés, le roi consentit enfin à recevoir des missionnaires et à traiter avec eux.

Il paraît que, depuis le voyage de MM. Trutter et Sommerville, des différends entre les chefs avaient amené une séparation parmi les habitans de Litakou, dont la majeure partie a bâti une nouvelle ville, à soixante milles de la première. Celle-ci, en conséquence moins considérable, contient seulement quinze cents maisons et huit mille habitans environ.

M. Campbell confirme les rapports de ses prédécesseurs sur la gaîté, la douceur, les habitudes paisibles de ce peuple : cependant il croit que ces peuplades, si pacifiques entre elles, font la guerre au dehors avec la même cruauté que les autres nations barbares. Le but ordinaire de leurs excursions, c'est l'enlèvement des bestiaux de leurs voisins. M. Campbell, dans le cours de ses instructions religieuses, demandait à l'un de ses disciples : « Pourquoi l'homme était né : » Pour combattre et piller, » répondit le Boshuana.

Materec, un de leurs chefs, dans une excursion vers l'ouest, poussa jusqu'à de grandes eaux, probablement l'Océan atlantique, sur les bords duquel il trouva une nation douce et peu guerrière, dont il enleva les bestiaux après avoir massacré un grand nombre d'habitans. Le nombre d'hommes qu'il a tués, fait la réputation du guerrier ; un blanc compte pour deux noirs.

Immédiatement au nord de Litakou, sont les Morolongs (Barrolous de Trutter) et les Wanketzens. M. Campbell paraît avoir reçu des informations contradictoires sur leur situation. Suivant ces informations, Mousso, capitale des Morolongs, beaucoup plus grande que Litakou, contient environ douze mille habitans ; Melita, ville principale des Wanketzens, est un peu moins considérable que Mousso. Plus loin vers le nord, habitent les Macquanas, nation plus nombreuse, plus civilisée que toutes les autres, et dont la capitale est, dit-on, trois fois plus grande que Litakou.

M. Campbell et ses compagnons, à leur retour, s'étant dirigés plus vers l'est que leurs prédécesseurs, observèrent la jonction de quatre grandes rivières, la Malalarine, la Jaune, l'Alexandre, le Cradock, qui se réunissent pour former le grand fleuve Orange dont les flots traversent presque tout le continent, et vont se jeter dans l'Atlantique. Nos voyageurs desirant visiter une mission établie dans le pays de Namaquas, s'avancèrent, par l'est, à travers le continent, le long de ce fleuve, et entrèrent dans une contrée jusqu'alors inexplorée, contrée stérile et déserte, toute composée de sables dont on ne parvenait à dégager les roues des chariots qu'avec la plus extrême difficulté. Les roches sablonneuses, perpendiculaires et prolongées sur une immense étendue, rappelaient aux voyageurs « la longue muraille de la Chine. » La côte occidentale, jusqu'à une grande distance, nord, du fleuve Orange, et vers le midi jusqu'à Kanniesberg, n'est ni aussi stérile, ni aussi brûlée. Nos voyageurs éprouvèrent plusieurs fois une chaleur de 101°; l'encre se desssécha, l'eau devint tiède et le beurre fut converti en huile. Quand les Hottentots sentaient la chaleur s'accroître d'une manière si inquiétante, ils creusaient la terre jusqu'à ce qu'ils la trouvassent fraîche, et s'en frottaient ensuite pour se procurer un soulagement momentané.

M. Campbell visita Pella, la principale station missionnaire dans le pays des Namaquas, contenant à peu près six cent trente-six personnes. En quittant cette peuplade douce et paisible, il se dirigea vers le Cap, où il revint le 31 octobre 1813, après une absence de neuf mois.

M. *Burchell* voyageait dans le pays des Boshuanas presque en même temps que M. Campbell, et s'occupait principalement d'histoire naturelle. Après avoir traversé le fleuve Orange, il remarqua un changement subit dans l'aspect et les productions de la nature; il observa une nouvelle espèce de rhinocéros; plusieurs animaux appartenant au genre du chien, du chat, du cheval; des linx; des giraffes; une grande variété d'oiseaux et de serpens. La botanique n'ouvrit pas un champ moins vaste à ses recherches. Le pays, généralement plat, offrait souvent à ses regards des plaines sans bornes : dans l'une d'elles, il rencontra une immense forêt d'acacias dont les habitans eux-mêmes ne connaissaient pas le terme. Il pénétra un degré par-delà Litakou, sur la frontière d'une contrée à laquelle il donna le nom de Karrikarri; il voulait y entrer, mais ses guides et son escorte refusèrent de le suivre plus loin.

CHAPITRE III.

Côte orientale.

Voyage de Vasco de Gama. — Description et conquête du Zanguebar. — Etablissement de Mosambique et de Sofala. — Expéditions aux mines d'or. — Hamilton. — Salt.

De toutes les parties du continent africain, la côte orientale est celle qui a été moins explorée, ou qui a moins vivement excité l'intérêt de l'Europe. Il faut attribuer principalement cette indifférence aux soins jaloux que les Portugais ont pris pour en interdire les approches, et mettre obstacle à toutes recherches. C'est seulement par les historiens de leurs exploits dans l'Inde qu'on apprend quelques détails sur la première découverte de cette région. Le plus intéressant de tous les voyages est celui de *Vasco de Gama* qui fut obligé de longer une grande partie de cette côte, avant de pouvoir se procurer un guide capable de le conduire à travers l'Océan. Nous allons puiser les détails de son expédition dans la Relation de Barros (1), la meilleure et la plus authentique.

Le 20 novembre 1498, Gama franchit le redoutable Cap des Tempêtes, aujourd'hui Cap de Bonne-Espérance, avec moins de dangers et de difficultés que n'en avaient appréhendé ses équipages. Voyant que la côte se courbait vers le nord-est, il tint soigneusement le large de crainte d'être affalé dans quelque vaste baie, et manqua de cette manière Sofala, le grand entrepôt de commerce de ces mers. Il relâcha près de l'embouchure d'une rivière où ses compagnons, ennuyés de ne voir partout que des visages noirs comme du jais, rencontrèrent avec plaisir des hommes d'une teinte moins foncée, et quelques individus qui comprirent leur interprète arabe. Ils furent bien accueillis par les naturels, et apprirent qu'en continuant de courir à l'est, ils trouveraient des nations civilisées qui naviguaient dans

---

(1) Da Asia, Liv. IV, 4, 5, 6; et VIII, 4, 5, 7, 8.

de grands vaisseaux, et qui pourraient leur fournir les guides dont ils avaient besoin. En suivant ces instructions, Gama atteignit Mosambique et fit jeter l'ancre près de quelques petites îles voisines de l'entrée du port. Trois ou quatre barques en sortirent montées par des hommes blancs, coiffés de turbans, vêtus de tuniques de coton, qui chantaient en s'accompagnant de divers instrumens. Ces barques s'étant approchées, un de ceux qui se trouvaient à bord demanda à nos voyageurs qui ils étaient, et ce qu'ils voulaient. Un nuage se répandit sur sa physionomie lorsqu'il apprit qu'ils étaient sujets du roi de Portugal. On l'attribua d'abord à l'aversion des peuples arabes pour les chrétiens, et l'on ne se trompait pas ; car on sut ensuite que cet homme, natif de Fez, partageait la haine de ses compatriotes pour le nom portugais. Cependant il dissimula parfaitement, reçut leurs présens avec l'air de la reconnaissance, promit d'exposer leurs demandes à son souverain qu'il nomma Xeque, et leur assura qu'ils trouveraient facilement des pilotes pour les conduire dans l'Inde.

A son retour, il montra la même politesse. Les Portugais ne furent pas peu surpris en voyant trois hommes de sa suite se prosterner à l'aspect d'une image de l'ange Gabriel, placée à la poupe du vaisseau amiral; ils surent bientôt que ces hommes étaient trois Abyssiniens, sujets du Prêtre-Jean, et qui, malgré leur récente conversion à la religion mahométane, conservaient du respect pour les objets de leur ancien culte. Le nom de Prêtre-Jean éveilla soudain l'attention et l'intérêt des Portugais, qui s'empressèrent de questionner les Abyssiniens. Les Maures remarquèrent cet empressement avec un mécontentement visible, éloignèrent les Abyssiniens, et prirent des mesures pour empêcher toute communication entre eux et les Portugais. Bientôt, de la défiance, ils passèrent à des hostilités ouvertes qui déterminèrent Gama à mettre à la voile. La force des courans l'obligea à jeter de nouveau l'ancre non loin du rivage. Des matelots, voulant débarquer pour faire de l'eau, furent attaqués par un corps de deux mille hommes qui fit pleuvoir sur eux une grêle de flèches; les matelots ripostèrent par une décharge d'artillerie qui mit soudain les assaillans en déroute, et inspira une si grande terreur que le Xeque se hâta de faire des excuses et d'offrir un pilote dont il garantit les talens. Les Portugais le reçurent et mirent à la voile : mais ils s'aperçurent bientôt, dit l'historien, « qu'ils avaient à bord un » ennemi mortel plutôt qu'un pilote. » Il ne tarda pas à les embarrasser dans un labyrinthe d'îles d'où ils ne parvinrent à sortir qu'avec une extrême difficulté. Certain de ne jamais parvenir aux Indes avec un tel guide, Gama accepta sa proposition de le conduire à Quiloa, fréquenté, disait-il, par un grand nombre d'Abyssiniens et d'Indiens, parmi lesquels les Portugais trouveraient aisément un bon pilote. Les courans contrarièrent encore ce projet, et portèrent Gama au-delà de Quiloa. Il prit alors le parti de se rendre à Mombaça qui, suivant l'assertion de son pilote, présentait les mêmes avantages que Quiloa. Peu de jours après, les Portugais arrivèrent à Mombaça dont l'aspect les charma ; des maisons de pierre, couvertes de terrasses, éclairées par des fenôtres, leur retracèrent la douce image de la patrie ; ils éprouvèrent bientôt un nouveau sujet de satisfaction, lorsqu'ils virent approcher une barque montée de plusieurs hommes qui les accueillirent avec bienveillance, et promirent de fournir à tous leurs besoins sous la condition que, conformément aux lois du pays, les vaisseaux portugais entreraient dans le port. L'amiral balançait ; mais, au bout de quelques jours, la nécessité et les pressantes sollicitations de ses équipages le forcèrent d'y souscrire. Les vaisseaux manœuvraient donc pour entrer dans le port, à la double satisfaction des Portugais et des Maures, les premiers espérant se reposer de leurs fatigues, les autres se croyant assurés de leur proie. Un incident, que l'historien portugais n'hésite pas à qualifier de miracle, sauva la flotte portugaise : le vaisseau amiral se trouva en danger ; il fallut jeter une ancre. A cette époque de la science nautique, ce n'était pas une opération facile ; aussi les Portugais se précipitèrent-ils en foule pour aider à la manœuvre, et soudain les Maures, dont les barques entouraient les vaisseaux, imaginant, d'après ce mouvement subit, que leur trahison était découverte, forcèrent de rames pour gagner le rivage; quelques-uns même se mirent à la nage dans l'excès de leur frayeur. Eclairés par cette terreur panique si extraordinaire, les Portugais s'arrêtèrent et surveillèrent les Maures qui, pendant la nuit, tentèrent vainement de couper leurs cables. Le lendemain, Gama fit lever l'ancre et se dirigea vers le nord-est. Les Portugais furent plus heureux à Mélinde : le roi, gagné par de magnifiques présens, leur fit un très-bon accueil, et leur donna un pilote qui les conduisit sains et saufs à la côte de Malabar.

Dans sa description de la côte de Zanguebar, Barros observe qu'à partir du Cap Guardafui jusqu'à Mosambique, elle forme une immense baie d'environ quinze cent soixante milles d'étendue, mais qu'elle n'est pas aussi dentelée que le dit Ptolémée, et ressemble plutôt à la côte d'un quadrupède. De Mosambique au Cap Corrientes (Cap des Courans), elle a cent soixante-dix milles, et décrit une courbe qu'on peut comparer à un coude, tandis que la ligne de trois cent quarante milles, comprise entre ce dernier point et le Cap de Bonne-Espérance, a quelque analogie avec les vertèbres des reins. Toute cette côte est basse, marécageuse, couverte de bocages épais, à travers lesquels on a peine à se frayer un passage; l'air en est moins pur, et le séjour, par conséquent, plus malsain que celui de la Guinée. Les Arabes l'occupent toute entière et possèdent des établissemens à Magadoxo, Melinde, Quiloa, Zanzibar, Mosambique, Sofala et sur divers autres points. Quiloa, grande ville située dans une île attenant presque à la Terre-Ferme, est le plus considérable de tous ces établissemens et le centre du commerce; ses maisons, couvertes de terrasses, sont bâties de pierre et de chaux, embellies de jardins bien plantés; mais ses rues sont très-étroites.

En 1505, une grande flotte, sous le commandement de don Francisco d'*Almeyda*, parut devant cette ville. Le général portugais opéra son débarquement pendant la nuit, attaqua la ville de deux côtés, et s'en rendit maître malgré la résistance des habitans favorisés par la disposition du terrein et le peu de largeur des rues. Le roi se réfugia dans l'intérieur du pays. Le général se porta ensuite sur Mombaza où il éprouva une résistance plus opiniâtre encore. Cependant, après deux jours de combats, il resta vainqueur et se vengea des pertes qu'avait souffertes son armée, en livrant aux flammes « cette » ville abominable, » dit l'historien avec un zèle vraiment catholique, et il la réduisit presque toute entière en cendres. De là Almeyda fit voile pour Melinde, qui ne fit aucune tentative pour se défendre.

La partie méridionale de cette côte fixa définitivement l'attention des Portugais, moins par les stations favorables qu'elle offrait aux flottes destinées pour l'Inde, que par les mines d'or que renfermaient les contrées voisines. Les cargaisons de ce riche métal, amenées par le fleuve Zambèse et exportées de Sofala, éveillèrent promptement leur ardente cupidité. Ils obtinrent, en 1505, du roi de Sofala la permission de construire un fort dont ils surent conserver la possession par la force des armes. En 1508, ils en élevèrent un autre à Mosambique qui devint en peu de temps le chef-lieu de leur établissement sur cette côte, et la station ordinaire de leurs flottes de l'Inde. Barros blâme le choix d'un emplacement tellement malsain que les flottes, obligées, par les vents contraires, d'y séjourner pendant l'hiver, ne conservaient souvent pas, à l'entrée du printemps, le nombre de matelots suffisant pour continuer leur voyage. L'ambition des Portugais les entraîna dans des guerres continuelles tant avec les Arabes qu'avec les naturels du pays. Parvenus en 1769, à expulser entièrement les Arabes de Mosambique, de Sofala et même de leurs établissemens sur le fleuve Zambèse, les Portugais tentèrent de s'avancer dans l'intérieur et de découvrir les mines d'or. Don Sébastien, à son avénement au trône, fit partir une expédition formidable sous le commandement de Francisco *Barreto* chargé de pénétrer dans les royaumes de Monomotapa et de Manica. Ce général était doué de l'énergie et de la persévérance nécessaires au succès d'une pareille entreprise. Le roi de Monomotapa, appelé le Quitève, plein d'une juste défiance, résolut de s'opposer de tout son pouvoir aux projets des Portugais; mais sentant bientôt qu'il ne pouvait les combattre à force ouverte, il se réduisit à une guerre de surprises, d'embuscades, et s'efforça surtout de leur couper les vivres. Malgré les fatigues et les privations de tout genre, les Portugais poursuivirent courageusement leur entreprise; ils parvinrent, à travers des difficultés sans nombre, à Manica où se trouvent les principales mines d'or; mais elles ne répondirent pas aux magnifiques espérances qu'ils avaient conçues, et n'offrirent qu'un bien faible dédommagement des travaux et des dangers qu'avait coûtés leur possession. Il paraît, d'après la description de Santos, que les naturels extrayaient l'or comme ceux de Bambouk, et que les Portugais furent peu tentés de partager avec eux le long et pénible travail d'une pareille opération. Barreto jugea donc prudent de conclure un traité avec le Quitève, qui accorda un libre passage aux Portugais moyennant un tribut de deux cents aunes de toile.

Loin de perdre courage, Barreto résolut

de pénétrer dans le pays des Mongas, où il espérait trouver des mines d'or plus productives. Les Mongas lui opposèrent une plus vive résistance encore, et, vaincus dans un grand combat, n'en continuèrent pas moins à harceler les Portugais, et à multiplier sur leurs pas les dangers et les obstacles ; Barreto les surmonta tous, et s'empara des mines qu'il trouva aussi peu productives que celles de Manica : mais, dans le cours de cette expédition, ayant entendu parler des mines d'argent de Chicova comme d'une source immense de richesses, il se mit sur-le-champ en recherches. Il put, un moment, s'en croire en possession sur la foi d'un naturel qui promit de l'y conduire moyennant une magnifique récompense. Barreto consentit à tout. L'Africain réunit alors une assez grande quantité d'argent, et alla secrètement l'enfouir dans la terre. Afin de se dérober, disait-il, à la surveillance et au ressentiment de ses compatriotes, il choisit le milieu de la nuit pour mener les Portugais à la mine supposée. Ceux-ci s'empressèrent de creuser à l'endroit indiqué, et découvrirent l'argent caché après un léger travail. A cette vue Barreto, transporté de joie, fit délivrer la récompense promise à l'Africain, qui disparut un moment après et ne se montra plus. Les Portugais imaginèrent d'abord que ses compatriotes l'avaient immolé à leur vengeance ; mais ne trouvant pas, autour du trésor découvert, la moindre parcelle d'argent, ils reconnurent la supercherie. Cette leçon ne corrigea pas, cependant, Barreto de sa crédulité : sur les flatteuses promesses du roi de la contrée, il se mit en marche avec un corps de troupes, et ne laissa qu'une faible garnison dans le fort. A peine les Portugais furent-ils dans un étroit passage où ils s'étaient imprudemment laissés engager, qu'ils se virent assaillis de tous côtés par les Naturels postés sur les hauteurs ; le désavantage de leur position rendait leurs armes, leur adresse et leur valeur inutiles : ils périrent presque tous. En même temps un autre parti attaqua le fort, dépourvu de troupes suffisantes pour le défendre, l'emporta facilement, et passa la garnison entière au fil de l'épée.

Ce ne fut pas le seul revers qu'éprouvèrent les Portugais ; ils souffrirent prodigieusement des incursions continuelles des Mumbosou Zimbas, tribu semblable aux Giagas par ses habitudes féroces, comme eux mangeant de la chair humaine, tuant ses enfans nouveaux-nés, et vivant dans un perpétuel état de massacre et de pillage. Commandés avec autant d'habileté que de valeur par leur roi Muzimbas, ils battirent plusieurs fois les troupes envoyées contre eux ; mais ayant voulu attaquer Mombaza, ils échouèrent complètement, et furent repoussés avec une perte considérable. En définitive, les Portugais, entourés de périls et d'obstacles sans cesse renaissans, sont parvenus seulement à conserver, le long du Zambèse, une chaîne de forts qui protègent leur commerce avec les cantons où sont situées les mines d'or.

En 1720, le capitaine *Hamilton* visita la côte orientale d'Afrique. A cette époque, Mombaza et Patta, enlevés depuis long-temps aux Portugais, étaient tombés au pouvoir des Arabes de Mascate ; Mosambique tenait toujours le premier rang parmi les établissemens portugais. Ainsi que Barros, Hamilton regarde Mosambique comme un des plus insalubres séjours du monde ; on croit infliger une punition équivalente, aux criminels de Goa, condamnés à mort, en les envoyant dans cette colonie où cinq ou six ans comptent pour une longue vie. On dit au capitaine Hamilton que, dans l'intérieur, l'or et l'ivoire ne coûtaient presque rien. Les naturels y creusent un trou dans la terre ; on le remplit de verroteries et d'autres bagatelles du même genre ; ils les enlèvent, et les remplacent par une égale quantité de poudre d'or qu'ils donnent en échange. L'ivoire se vend en gros pour le même volume d'une certaine étoffe de l'Inde. Cependant Hamilton ne garantit pas la vérité de ces rapports. Les esclaves de Mosambique sont très-estimés dans l'Inde ; les Portugais prennent un soin particulier de les convertir à la foi apostolique : quelques-uns de ces Africains ont acquis de l'instruction, et sont même devenus prêtres.

M. *Salt*, qui visita Mosambique en 1809, a bien voulu nous communiquer sa relation, la seule récente qui existe de cette partie de l'Afrique. Cette colonie conserve à peine quelques traces de son ancienne importance. Le fort, avantageusement situé, est défendu par quatre-vingts pièces de canon, mais presque toutes hors de service ; plusieurs portent la date de 1660, et l'une d'elles, du calibre de cent livres, paraît être de fabrique turque. La garnison se compose d'un petit nombre de soldats et de quelques condamnés. Il suffit, pour peindre l'état misérable de la colonie, de dire qu'un négociant de Moka se chargeait, si on voulait lui fournir cent hommes de bonnes troupes arabes, d'enlever aux Portugais cette métropole de l'Afrique orientale.

M. Salt remarqua néanmoins encore, dans la maison du gouverneur, les vestiges de l'ancienne magnificence des vice-rois. On présenta le thé dans un service d'or massif, et les esclaves nègres parurent couverts d'ornemens du même métal. M. Salt évalue la population de Mosambique à deux mille huit cents habitans dont cinq cents Portugais, huit cents arabes et quinze cents Nègres. Le commerce, extrêmement diminué, consiste en or, ivoire, morfil et en esclaves dont on exporte environ quatre mille tous les ans. L'or et l'ivoire se vendent fort cher : le premier 3 livres 5 sols sterling l'once, le second de 22 à 25 livres sterling le quintal. Ce commerce doit donner des profits considérables, attendu le peu de valeur des objets que les naturels reçoivent en échange, tels que du sel, des coquillages, du tabac, des mouchoirs de couleur et des étoffes grossières. M. Salt assure même qu'en avançant dans l'intérieur, on a, pour des objets valant deux dollars, un esclave ou soixante à quatre-vingts livres d'ivoire.

Mosambique est bâti dans une petite île située à l'embouchure d'une baie profonde ; tout-à-fait au nord se prolonge la péninsule des Caboceiro, longue de neuf milles, large de quatre, et liée au continent par une langue de terre ayant à peine un mille de largeur. C'est là que s'élèvent les maisons de campagne du gouverneur et des principaux habitans ; cette péninsule fournit presque toutes les provisions nécessaires à la consommation de Mosambique ; elle forme, au fait, la limite de la domination portugaise, et se trouve fréquemment exposée aux incursions des naturels de l'intérieur.

L'or et l'ivoire exportés de Mosambique viennent principalement des cantons montagneux voisins de la source du Zambèse; aussi le gouvernement portugais attache-t-il une haute importance à la conservation des établissemens qu'il possède sur les bords de ce fleuve. A son embouchure, à trois journées et au sud de Mosambique, s'ouvre le port de Quilimanci qui sert de dépôt pour les marchandises; deux cent quarante-sept milles au dessus de Quilimanci, on trouve Sena, le principal établissement sur le fleuve. Après vingt journées de marche dans l'intérieur, on arrive à Manica, le grand marché de l'or; il s'y tient une foire annuelle où l'or et l'ivoire se donnent en échange d'étoffes de Surate, de verroteries, de soieries grossières et de fer. Le territoire de Manica, montagneux, mais fertile, appartient aux tribus natives dont les Portugais sont obligés de se concilier les chefs par des présens. Ils paient aussi un tribut régulier au Quitève ou roi de la contrée.

Soixante lieues environ au-dessus de Sena est Tête, assez bel établissement qui sert aussi d'entrepôt. Les Portugais ont obtenu la permission de construire un petit comptoir à Zumbo, où l'on ne peut arriver qu'avec une extrême difficulté et par une route détournée qui exige près d'un mois.

La juridiction des Portugais s'étend maintenant depuis le Cap Delgado dans le nord, jusqu'au Cap Corrientes vers le midi. Sofala, réduit à l'état d'un misérable village, est situé cependant au milieu d'une contrée fertile qui fournit du riz et des fruits aux habitans de Mosambique.

La nation la plus considérable et la plus voisine, en même temps, de Mosambique, est celle des Makouas ou Makouanas dont les tribus s'étendent depuis les environs de Mélinde jusqu'à l'embouchure du Zambese. Robustes, d'un extérieur hideux et féroce, les Makouas ornent leur peau par le tatouage, opération qu'ils pratiquent avec tant de rudesse que les cicatrices ont souvent plus d'une ligne en profondeur ; ils aiguisent leurs dents de manière à leur donner l'apparence d'une scie, coupent leurs cheveux de vingt façons bizarres, rasent tantôt un côté, tantôt les deux côtés de la tête, et conservent seulement une espèce de crête qui va du front jusqu'à la nuque; quelquefois ils ne laissent qu'une touffe sur le haut du crâne. Leur haine contre les Portugais est aussi violente que juste. Ils combattent avec des lances, des javelots, des flèches empoisonnées; ils se sont procurés, depuis quelque temps, un grand nombre de fusils. C'est sans doute la nation que Campbell et Lichtenstein désignent sous le nom de Macquanas; mais, dans ce cas, ces deux voyageurs auraient commis une erreur en disant que les Macquanas, qui sont nègres, appartiennent à la race boshuana. Leurs femmes ont cependant l'épine du dos courbée et les parties postérieures protubérantes comme les Hottentotes, et ne sont pas moins hideuses.

Au delà de Makoua, à plus de quarante journées dans l'intérieur, est situé Monjou, d'où semble dérivée la dénomination de l'empire de Monoëmugi qui, dans nos anciennes cartes, occupe tout l'intérieur de cette partie de l'Afrique. Les Monjous, les plus hideux de tous les Nègres, ont la peau noire et huileuse, les pommettes très-saillantes, les lèvres épaisses, la chevelure crêpue et laineuse. Leurs armes principales sont l'arc et la flèche qu'ils manient avec une étonnante dextérité ; ils savent se procurer du feu en frottant, l'un contre l'autre, deux morceaux de bois dur, ainsi que font, suivant le rapport de Bruce, les habitans de la tribu de Nuba près Sennaar. Ils paraissent moins féroces que les Makouas; il est vrai qu'on n'a pu, jusqu'à présent, les juger que d'après quelques-uns de leurs compatriotes qui voyagent.

En 1812, le capitaine *Beaver* visita Quiloa; cette ancienne capitale de l'Afrique orientale, ne conserve pas le moindre vestige de sa première splendeur. Réduite actuellement à quelques misérables habitations, au lieu de dix mille esclaves, elle n'en exporte pas mille. L'Iman de Moscate y possède un fort, armé de trois pièces de canon et gardé par une douzaine de soldats, au moyen duquel il tient le roi de Quiloa sous sa dépendance et lève des tributs considérables. Il tient également sous son joug les îles de Pemba, de Zanzibar et de Monfia.

La côte d'Afrique, depuis le Cap Guardafui jusqu'au détroit de Babel-Mandel, est habitée, suivant la relation du lord Valentia et de M. Salt, par les tribus des Somanlis, peuple commerçant qui montre une activité et une industrie remarquables. Une foire annuelle se tient à Berbera, ville située sur cette côte ; des caravanes s'y rendent des points les plus éloignés de l'intérieur. Lord Valentia vit des marchands venus des contrées où le Bahr-el-Abiad prend sa source : il pense que les accompagner à leur retour serait le meilleur moyen d'explorer les sources de ce grand fleuve. La gomme arabique, la myrrhe et l'encens sont les principaux objets d'exportation de cette côte.

CHAPITRE IV.

Reconnaissance des rivières de la côte sud-est.

Avant de quitter la côte du sud-est, nous croyons devoir rapporter, d'après le *Bombay-Courier*, supplément du 15 mars 1817 (1), les résultats d'une expédition entreprise pour y chercher l'embouchure du Niger. Le lecteur se rappellera combien de conjectures ont été formées sur le cours de ce fleuve mystérieux. Les uns l'ont fait couler de l'est à l'ouest, d'autres dans une direction contraire ; on l'a fait tantôt se perdre dans une mer intérieure, tantôt se replier sur lui-même et déboucher dans l'Atlantique, tantôt se continuer jusqu'au Nil d'Égypte, ou verser ses eaux dans l'Océan indien. C'est cette dernière idée qui avait été reproduite par le *Philosophical Magazine* au mois de juillet 1816, sur la foi d'une lettre datée de Surate, 25 novembre 1815, et annonçant la découverte récente de l'embouchure du Niger, ou

---

(1) Nouv. Éphém. géogr. de Bertuch, II, 369, et Journal des Voyages, par Verneur, etc., III, 24.

du moins d'un grand fleuve d'Afrique conduisant, selon l'assertion des indigènes, après une navigation de six mois, dans une région habitée ou fréquentée par des hommes blancs. « Son embouchure, y est-il dit, à l'instar de celle de plusieurs grands courans d'eau de l'Inde, est peu considérable. La personne de qui je tiens mes renseignemens, le remonta dans son bateau l'espace de soixante milles, et plus elle avançait, plus elle voyait le fleuve s'aggrandir. » L'*India-Gazette*, du 17 février 1817, reproduisit cette lettre en ajoutant : « Quoique le cours du Niger soit un objet qui excite vivement la curiosité dans l'Inde, nous ne nous souvenons pas d'avoir rien lu d'analogue au fait en question. Les éditeurs du *Bombay-Courier* sont peut-être à portée d'obtenir, de l'auteur même de la lettre, la relation qu'il promet, en sorte que nous ne soyons pas obligés d'attendre à cet égard des éclaircissemens par la voie de l'Angleterre. » Le Courier de Bombay, dans la feuille indiquée plus haut, s'empressa de répondre à cette demande, en publiant sur la géographie de la côte orientale d'Afrique, plusieurs données importantes, qui ne laissent pas de jeter quelque jour dans les ténèbres qui couvrent l'intérieur du continent africain.

« Nous craignons fort, dit le Courrier, que notre confrère n'ait le temps de s'impatienter, s'il attend, de l'Angleterre, des renseignemens positifs sur l'embouchure du Niger. Toutes les particularités répandues, jusqu'à ce jour, sur l'origine et le cours des différentes rivières qui débouchent à la côte orientale d'Afrique, manquent d'une base certaine. L'opinion qui donne au Niger son embouchure de ce côté, doit être classée parmi ces assertions vagues que l'on a tant hasardées sur ce fameux fleuve. Dans la seule intention de s'assurer s'il y existait une rivière assez considérable pour qu'on pût la prendre pour le Niger, M. Duncan, gouverneur de Bombay, envoya au printemps de 1811 le *Ternate*, sous les ordres du capitaine *Smee*, et le *Sylphe*, commandé par le lieutenant *Hardy*, en croisière sur cette côte d'Afrique. C'est sans doute d'une des rivières décrites par MM. Smee et Hardy qu'entend parler le correspondant de Surate ; car nous n'avons aucune connaissance de renseignemens sur cette partie, meilleurs que ceux dont on est redevable à ces deux officiers.

Il résulte de leurs rapports, que vingt-six rivières, dont quelques-unes assez considérables, y tombent dans l'Océan entre 5° de lat. nord et 15° de lat. sud. Toutefois les éclaircissemens y relatifs, puisés dans les récits nécessairement vagues des négocians du pays, laissent beaucoup à desirer.

La première rivière nommée *Douro* ou *Dou-aw-ro*, dont ces officiers font mention, débouche au nord de Mogadoxo; on en peut suivre le cours sinueux pendant un mois, mais elle est petite et ne porte que des bateaux plats. La seconde rivière, située dans le voisinage de *Brava*, par 1° 10' de latitude nord, est large, remplie de hauts-fonds, et navigable seulement pour des bateaux pendant deux journées ; cependant elle se prolonge l'espace d'un voyage de trois mois, au-delà d'une ville appelée *Gounana*, où l'on n'en connaît plus le cours. La troisième, appelée *Govind*, *Djouba*, *Foumbo*, et par le capitaine Smee, rivière des *Rogues*, est grande; mais aucun des indigènes ne pouvait indiquer l'étendue de son cours : elle se jette à la mer par 0° 13' de latit. sud, et baigne, à trois journées de son embouchure, une grande ville peuplée de Mahométans, qui se nomme Sad. On voit encore l'ancienne ville de *Mélinde*, bâtie à l'embouchure d'une rivière de même nom, navigable l'espace de trois journées pour de petits bâtimens, et pendant vingt-trois jours pour des bateaux. Elle prend sa source au pied d'une grande montagne située à vingt-cinq journées plus avant dans l'intérieur. Le *Queliffy*, par 3° 26' de latitude sud, belle rivière large d'un quart de mille à son embouchure, coule l'espace de trente-huit journées dans les terres. Ensuite vient le *Mombaza*, qui donne son nom à une aldée située sur ses bords : on dit que son cours se prolonge l'espace d'un mois et d'une demi-journée droit dans les terres. A deux journées plus au sud, se trouve le *Soun-ga-lans-zi*, dont le cours est de quinze journées en droite ligne. A six journées plus loin débouche le *Quosine* ou *Wosine*, qui prend également sa source à quinze journées dans l'intérieur et que des bateaux peuvent remonter pendant trois jours. A un jour de navigation, ou à trois journées de voyage par terre, toujours vers le sud, est le *Tonger* qui s'étend aussi l'espace d'environ quinze journées dans l'intérieur, et naît de la même source avec le *Tongaster* que l'on rencontre à six heures de distance vers le sud. Ils ont, l'un et l'autre, une demi-encablure de large à leur embouchure. Le *Pengarmi*, qui se prolonge l'espace de trente journées, jusqu'à Gazeti, débouche avec violence à dix heures environ au sud du Tongaster. Au-delà de Gazeti, ce fleuve se dérobe sous les broussailles et les bois qui le couvrent, de manière que son cours ultérieur reste inconnu. Le *Kessoumba* est à dix heures, ou quinze milles, au sud du précédent ; un gros village de même nom s'élève sur sa rive méridionale. Il est large d'un huitième de mille, profond et navigable pour des bateaux pendant dix journées sur quinze qu'il serpente dans l'intérieur. A vingt milles ou une journée plus au sud, se trouve le *Biou-iounni* qui court l'espace de dix journées en droite ligne, et dix autres journées en serpentant dans l'intérieur. A une journée de là, dans l'ONO environ de Zanzibar, est le *Sardan*, grande rivière qui prend sa source à la distance de trente journées dans l'intérieur, à un endroit nommé Secconi ; son embouchure est large d'un huitième de mille, son cours rapide et les bateaux ne peuvent le remonter que six journées. Seize milles ou dix heures et demie plus loin, à l'ouest demi-sud de Zanzibar, débouche l'*Ouolundo*. Son cours se prolonge l'espace de deux mois et 19 jours dans les terres ; mais d'épaisses forêts en cachent la source. A sept journées environ de son embouchure il projète, à sa rive méridionale, une branche appelée *Zougo*, qui forme une île large de douze milles à la côte. Une autre branche qui part du Zougo du côté du sud, porte le nom de *Ouindo*. A peu près un demi-point au sud de cette dernière est le fleuve *Motsch-er-fey-ni*, qui parcourt les terres l'espace de quatre-vingt quinze journées ; mais les bateaux ne peuvent le remonter que pendant quatre journées.

Immédiatement après, par environ six degrés trente minutes de latitude sud, se trouve l'embouchure du *Loffih :* des renseignemens très-détaillés ont porté le lieutenant Hardy, à croire que c'était un des affluens du *Niger.* On affirme qu'il serpente à travers le pays l'espace de onze journées ; qu'ensuite, après l'avoir parcouru l'espace de trois mois et quinze jours, il se dirige droit au nord-ouest. Il traverse un lac où s'élève une haute montagne rocheuse, nommée Zou-war-hah. Ce lac a près d'une journée de circonférence, et projette une autre branche du fleuve qui coule l'espace d'environ deux mois à l'ouest, et prend alors une direction plus méridionale ; mais le rapporteur n'a pu savoir s'il atteint la côte occidentale d'Afrique.

Le Loffih déborde pendant les mois pluvieux (avril, mai, juin.) Il est navigable pour des bateaux l'espace de vingt-trois journées ; ensuite son courant devient si rapide, qu'il n'est plus possible de le remonter. On ne lui donne qu'un huitième de mille à son embouchure, et sa plus grande largeur est de trois milles. Ses rives sont bordées d'une multitude de villages habités par diverses tribus. Le bras occidental, ou pour mieux dire, le fleuve qui du lac coule vers l'ouest, est nommé *Conn-do-hih*, et l'on prétend qu'il faut un voyage de quatre mois pour arriver à son embouchure. A un mois de la montagne ou du lac, on remarque sur ses rives un village nommé Mar-ro-rer, et à deux mois de distance, un autre nommé Sinn-go-fer. Les tribus établies sur ce bras occidental sont également appelées Condohih. A vingt-huit journées de la montagne se trouve aussi une place nommée *Ouangarah*, qui, d'après la description, paraît être une île formée par deux branches du fleuve. L'un des hommes de qui le lieutenant Hardy tira ses renseignemens, un vieillard indigène du pays même, se souvenait qu'environ vingt ans auparavant, un blanc avait voyagé le long de ce fleuve ou dans son voisinage.

Nous abandonnons au lecteur de comparer ces particularités avec la relation de Sidi-Hamet, conservée par Riley. M. Pinkerton dit dans la troisième partie de son histoire moderne, en parlant des données fournies par Ptolémée et les auteurs Arabes sur l'Afrique : « Le *Panagra* de Ptolémée, placé entre le Gir et le Niger, est probablement le *Ouangara* des Arabes; » et à un autre endroit: « un mûr examen d'Edrisi me démontre que, tandis qu'on a pris faussement son *Nil des Nègres*, qu'il dit couler vers l'ouest, pour le Niger, il ne sait effectivement rien de ce fleuve, et que son Nil des Nègres et le *Gir* de Ptolémée, qui se perd dans un lac intérieur, renfermant, à une journée de l'embouchure du fleuve, l'île d'*Util* où un autre géographe Arabe place la capitale du *Soudan* entier. La connaissance d'Edrisi sur l'intérieur de l'Afrique, ne semble pas s'étendre au-delà de ce lac et de cette île: Toutes les villes et contrées qu'il cite paraissent appartenir au Gir, son Nil des Nègres, qui se dirige au nord-ouest, et la description qu'il en donne fait présumer que l'Ouangara doit être le Delta du Gir. »

Environ à trois journées du Loffih, est la petite rivière du *Mungarrah*; à huit heures de là on atteint le *Mesasannih*, et encore une journée plus loin le *Bouraomar-djih*. Elles n'avancent toutes que peu de journées dans l'intérieur.

Le *Chinnguèbanih*, qui débouche deux

journées au sud du Bouraomardjih, conduit, après un mois de son cours, à une place nommée Mennagautwar. Quoique son courant soit rapide, les bateaux peuvent y naviguer pendant dix journées. A une journée de la rivière précédente on arrive au *Kasemeter*, large d'un huitième de milles à son embouchure, et prenant sa source à vingt journées de la côte. Le *Sanega*, à une journée et demie plus au sud, est large de deux milles à son embouchure, et navigable pour des bateaux pendant quinze jours ; il parcourt le pays l'espace de vingt-sept jours par beaucoup de sinuosités. Quinze journées au sud du Sanega, est le *Mottèndo*, qui prend sa source à vingt journées dans l'intérieur, près d'un endroit nommé Dingirah. A une journée de cette rivière, le *Ténguerrah* décharge ses eaux par une embouchure large de deux milles, où se trouve une ville du même nom : il y arrive de vingt journées, d'un endroit nommé Matoumba.

La dernière des rivières mentionnées dans le rapport est *Ni-ars-ser*, débouchant seize journées au sud du Tenguerrah, à un endroit appelé Meg-gore, où se trouvent un port et une aldée du même nom. Ce fleuve, suivant les renseignemens obtenus, avance jusqu'à la côte opposée, et quoique son embouchure soit étroite, il est praticable pour des bateaux, à plusieurs endroits de l'intérieur l'espace de deux journées. Un vent très-incommode et violent y souffle en aval, principalement dans les mois d'avril, de mai et de juin. A quarante-cinq journées de son embouchure commencent les montagnes Noires; elles sont, à ce qu'on assure, de forme pyramidale et distantes les unes des autres; il n'y en a qu'une de très-haute. Le Niarsser renferme, non loin de son embouchure deux îles; comme généralement toutes les grandes rivières de cette partie d'Afrique, il abonde en hippopotames et en alligators. La vase ou le sable du fond de son lit est rouge, et on ajoute que ses eaux ont la même couleur.

L'embouchure, selon la description, est droit en face de l'île Mosambique.

CHAPITRE V.

Découvertes et voyages en Abyssinie.

Prêtre-Jean. — Covilham. — Alvarez. — Bermudez. — Oviedo. — Pays. — Fernandez. — Lobo. — Baratti. — Poncet. — Bruce. — Observations sur ses récits. — Premier voyage de Salt. — Second voyage du même.

Le tableau des découvertes sur les côtes occidentales d'Afrique, a fait voir avec quelle ardeur les monarques portugais cherchèrent à vérifier l'existence d'un prince chrétien imaginaire, appelé le *Prêtre-Jean*, dont la renommée plaçait le royaume dans quelque région de l'intérieur. Ils parurent toujours animés de ce désir, après même que le progrès des dé-découvertes leur eût ouvert la brillante perspective de doubler le cap sud du continent africain, et de recueillir les trésors de l'Inde. Ce fut cependant par une autre voie qu'on obtint les premiers éclaircissemens, sinon sur le Prêtre-Jean, du moins sur une région d'Afrique habitée par une ancienne secte chrétienne.

En 1499, deux Portugais, *Covilham* et *de Payva*, envoyés dans la Mer-Rouge pour y prendre les informations les plus étendues, recueillirent, sur l'Abyssinie, des détails qui leur firent naturellement présumer que là devait être le royaume de Prêtre-Jean. De Payva demeura dans la Mer-Rouge, tandis que Covilham fit un voyage dans l'Inde et le long de la côte orientale de l'Afrique. A son retour, il apprit la mort de De Payva et forma le projet de pénétrer en Abyssinie. Il réussit dans sa tentative, parvint jusqu'à Shoa, où l'empereur se trouvait alors, et fut reçu avec cette faveur qu'obtient ordinaire un personnage nouveau, lorsqu'il n'inspire ni crainte, ni soupçon. Une ancienne loi d'Abyssinie, tombée en désuétude, interdisait à tout étranger la sortie du royaume; on la remit en vigueur pour Covilham, en le comblant de richesses et d'honneurs. Devenu plus grand en Abyssinie que dans sa patrie, peut-être sollicita-t-il trop faiblement la permission d'y revenir.

Malgré l'espèce d'esclavage dans lequel la cour d'Abyssinie retenait Covilham, elle n'en chercha pas moins tous les moyens de contracter une alliance avec le roi de Portugal, dans l'espoir d'obtenir, de son zèle pieux, des secours dans les guerres continuelles qu'elle avait à soutenir contre les Maures d'Adel. L'impératrice Hélène, régente pendant la minorité de son fils David, fit choix d'un marchand arménien, nommé *Matthieu*, qui, né dans une classe inférieure, lui parut cependant réunir toutes les qualités propres au succès de sa mission. Un jeune seigneur Abyssinien qui l'accompagnait, mourut pendant la traversée. Matthieu, après un long voyage, arriva en Portugal l'an 1513. Le roi reçut cet ambassadeur avec des transports de joie. Il le combla d'honneurs, et nomma, pour l'accompagner à son retour en Abyssinie, une nombreuse et brillante ambassade, à la tête de laquelle il plaça Edouard de Galvan, alors âgé de quatre-vingt-dix ans, homme d'une grande habileté et d'une longue expérience acquise dans l'exercice des plus hautes fonctions de l'Etat. L'ambassade partit avec la flotte de l'Inde qui, sous le commandement de Lopez Suarez, cingla vers la Mer-Rouge. Elle relâcha d'abord dans l'île de Camaran, où Galvan, évidemment trop âgé pour une expédition si longue et si pénible, succomba sous l'influence du climat. Suarez le suivit peu de temps après dans la tombe, sans avoir pu remplir l'objet de sa mission. Lopez de Sequeira lui succéda, mit à la voile pour Massuah, y arriva le 16 avril 1520, et y débarqua l'ambassade, alors conduite par Rodriguez de Lima qu'accompagnait, entr'autres, *Francisco Alvarez* en qualité de secrétaire. Ce fut lui qui écrivit ensuite une relation des événemens survenus et des observations recueillies pendant les six années de sa résidence en Abyssinie; cet ouvrage (1) est bon à consulter, parce qu'il contient de précieux détails sur cette contrée et sur les provinces méridionales de Amhara, Shoa

---

(1) Publié originairement en portugais; Lisbonne 1540. Il en existe une traduction espagnole; Anvers 1557; une italienne dans Ramusio; une anglaise dans Purchas, et une française, édition de 1558.

Angot, que les voyageurs modernes n'ont point visitées. L'ambassade fut parfaitement accueillie par les habitans de Massuah. Une députation de religieux d'un monastère voisin, appelé Bisan ou la Vision, vint la complimenter. L'ambassadeur apprit, dans cette ville, que ce district était gouverné, au nom de l'empereur d'Abyssinie, par un prince nommé Barnagasso (Baharnagash ou seigneur de la mer), qui désirait avoir une entrevue avec lui. Rodriguez y consentit volontiers : mais de grandes difficultés s'élevèrent au sujet de l'étiquette ; aucun des deux ne voulut faire les avances. Enfin il fut convenu qu'on se rencontrerait sur la route. Les Portugais y choisirent un endroit et firent des dispositions pour recevoir le prince d'une manière commode ; mais celui-ci, l'ayant appris, s'arrêta tout-à-coup, déclarant que, s'avancer jusques-là, ce serait réellement rendre visite aux Portugais. L'ambassadeur instruit de ce scrupule, et voulant complaire « au seigneur de la mer », ordonna de transporter les préparatifs déjà commencés jusqu'à l'endroit où il s'était arrêté. Cette condescendance ne satisfit point encore le prince; il soutint que le principe restait le même, et refusa de faire un pas de plus. Le projet d'entrevue semblait entièrement rompu, lorsqu'après une longue discussion, on convint que les deux parties, arrivées en vue l'une de l'autre, s'avanceraient simultanément et du même pas. La rencontre eut donc lieu sans qu'aucune des deux puissances vît sa dignité compromise, et le prince jura, sur la croix, de secourir et de favoriser les Portugais de tout son pouvoir. Il avait une escorte de quatre cents hommes, dont une moitié montait des chevaux ou des mules. Une réception si bienveillante encouragea les Portugais à se rendre sur-le-champ à la cour de *Prete Janni* (Prêtre-Jean); c'est ainsi qu'Alvarez appelle le monarque Abyssinien. Matthieu, cet ambassadeur, envoyé par ce souverain, leur servit de guide.

L'ambassade commença à traverser la haute chaîne de montagnes qui, de ce côté, sert de barrière à l'Abyssinie. Les chemins rudes et dangereux ne leur permirent d'avancer qu'avec difficulté, et, souvent, d'épouvantables orages les forcèrent à chercher un abri dans des cavernes. Des torrens rapides se précipitaient des montagnes; mais à peine atteignaient-ils la plaine, qu'ils étaient absorbés, desséchés, et pas un d'eux, d'après ce qu'on apprit à nos voyageurs, ne portait le tribut de ses eaux à la Mer-Rouge. Bientôt la nature prit un aspect plus effrayant encore. Il fallut pénétrer à travers des bois si sombres, si terribles, que des « esprits « auraient craint d'y établir leur séjour. » Les mules refusaient d'avancer et les « cha- « meaux s'agitaient et criaient comme s'ils « eussent été possédés du démon. » Enfin des troupes de bêtes féroces, paisibles possesseurs de cette triste contrée, rugissaient autour de nos voyageurs et leur causaient de continuelles alarmes. A demi-morts de frayeur et de fatigues, ils arrivèrent au monastère de Saint-Michel, situé au sommet d'une des montagnes les plus escarpées. Après quelques jours de repos, ils se mirent en route pour Barna (Dobarwa), capitale et résidence alors du Barnagasso. Ils traversèrent, pour y parvenir, une région semblable en tout à celle qu'ils avaient parcourue d'abord ; seulement les torrens et les ruisseaux se trouvaient alors entièrement à sec à cause de la cessation des pluies. Ils remarquèrent, sur leurs bords, de beaux et grands arbres dont ils ignoraient le nom. Des singes, gros comme des moutons, pourvus d'une crinière comme le lion, se montraient souvent par troupes de deux ou trois cents.

En arrivant à Dobarwa, ils se rendirent immédiatement au palais, ne doutant pas que le prince ne leur accordât sur-le-champ une audience. Mais un messager les arrêta dans le chemin, en leur annonçant que le prince dormait, et qu'ils ne pouvaient être admis qu'au moment de son réveil. En attendant, on les logea dans une étable à chèvres, si petite qu'il était impossible de s'y tenir debout, et sans autres meubles, pour se reposer, que quelques peaux de bœuf. Après une ennuyeuse attente, on les fit sortir, mais on les retint encore long temps à l'ardeur d'un soleil brûlant, avant de les introduire dans le palais qui se composait d'un rez-de chaussée. Le prince les reçut assez mal, et, quoiqu'il souffrît d'un mal d'yeux, refusa les remèdes qu'ils lui proposèrent. Après l'audience, on leur servit des gâteaux d'orge à demi-cuits et de l'hydromel: mais ils aimèrent mieux s'abstenir de manger que d'accepter un pareil repas. La mère du prince, pour leur faire oublier cet accueil peu hospitalier, s'empressa de leur envoyer des mets plus convenables.

D'une fertilité extrême, la contrée autour de Dobarwa abonde en bestiaux. De nombreux villages environnent cette ville, agréablement située sur une élévation. Alvarez fut particulièrement frappé du grand nombre de femmes qu'elle renferme; il paraît que leur conduite n'était rien moins qu'exemplaire, et qu'elles remplaçaient les compagnes de ceux qui, venus, pour faire leur cour au Barnagasso, n'avaient pas jugé convenable de mettre celles-ci du voyage. Dans cette contrée, l'église défend, mais le roi et la loi permettent la polygamie qui n'a, par conséquent, d'autre peine à craindre que l'excommunication. A Dobarwa se tient un grand marché où, comme dans tout le reste de l'Abyssinie, toutes les transactions se font par échange;

les différences se paient en blé ou en sel ; les poules et les chapons servent aussi, quelquefois, aux mêmes usages. Les prêtres, les moines et les religieux sont les principaux commerçans.

Après une courte résidence à Dobarwa, les voyageurs partirent au mileu de juin. Il fallait toute leur ignorance pour choisir une pareille saison, dont chaque jour est marqué par d'affreux orages. Ils trouvèrent le pays désolé par un fleau plus redoutable encore, et trop commun dans presque toute l'Afrique, les sauterelles qui, semblables à un incendie, consument tout sur leur passage ; heureusement, il ne s'étend pas, chaque année, au-delà d'une province. Nos voyageurs rencontrèrent une foule de malheureux qui, chassés par la disette, s'en allaient dans d'autres cantons implorer des moyens de subsistance. Des prêtres catholiques entreprirent de délivrer la contrée de ce fleau dévastateur, par l'exorcisme : ils recueillirent un grand nombre de sauterelles et leur ordonnèrent de partir dans trois heures pour la mer, les montagnes ou *les pays des Maures*, et de laisser en repos les chrétiens ; ils mirent alors les insectes en liberté, et les envoyèrent transmettre à leurs compagnons cet ordre, qui ne fut pas plutôt connu que toute la troupe, au dire de la relation, s'empressa d'y obéir, et se mit en mouvement à la suite de ces singuliers missionnaires. Un violent orage qui éclata dans le même temps, fut sans doute plus efficace, et bientôt les sauterelles, mortes, tombèrent par monceaux dans les campagnes.

En peu de jours, l'ambassade arriva à Cuxumo (Axum.) La relation contient une description de ses églises, de ses obélisques, de ses antiquités, de ses ruines. Aucun événement remarquable ne signala leur voyage qu'au royaume d'Angot. D'innombrables ruisseaux fertilisent le pays et y entretiennent une verdure éternelle. On sème, on récolte en même temps pendant le cours de l'année : mais ces avantages sont balancés par le voisinage des Dobas, tribu Maure d'une cruauté extrême, et dont les membres regardent comme une honte de se marier avant d'avoir tué douze chrétiens. Nos voyageurs remarquèrent, avec admiration, des églises taillées dans le roc, quelques-unes même très-grandes ; l'une d'elles, appelée Saint-Sauveur, était longue de deux cents palmes, et large de cent vingt. Alvarez croit nécessaire de dire ici : « Je prends Dieu à « témoin de la sincérité de mon récit; « j'ai visité deux fois ce monument extra- « ordinaire, tant était vif mon désir d'en « faire connaître l'excellence à l'Univers. »

Nos voyageurs se rendirent ensuite à la résidence d'Angoteraz, vice-roi d'Angot. A peu de distance, ils rencontrèrent une troupe considérable qu'ils supposèrent envoyée au-devant d'eux pour les recevoir honorablement et transporter leurs présens : mais ils furent bientôt détrompés par une grêle de pierres. Ils ne purent deviner le motif de cette incivile salutation, car ils furent parfaitement bien accueillis par le vice-roi qu'ils trouvèrent assis avec son épouse, deux autres femmes et quelques amis, autour de quatre jattes d'excellent hydromel. Nos voyageurs furent gracieusement invités, par les femmes surtout, à prendre part au régal, après lequel ils eurent une longue conversation avec Angoteraz sur les mystères de la religion, sujet qui parut lui plaire infiniment; aussi les engagea-t-il à dîner. Pour servir de siéges, on étendit sur la terre des nattes, on les couvrit de peaux de mouton, sur lesquelles on plaça des planchettes d'un bois blanc et poli; ensuite on présenta aux convives de l'eau pour se laver les mains, mais point de linge pour les essuyer; puis on servit plusieurs espèces de gâteaux de froment, d'orge, de millet et de taffo. A ce service succéda l'*imbandigioni*, dont Alvarez ose à peine parler, consistant en viande crue avec du sang tout chaud, mets réputé si délicat, qu'il est réservé uniquement aux grands. du pays. Angoteraz le savoura avec délices et en offrit à ses hôtes, qui ne purent se déterminer à en goûter. Le vin ne fut pas épargné, et la maîtresse de la maison, cachée derrière un rideau, prit une part très-active à cette partie du repas.

L'ambassade, immédiatement après, se mit en route pour la cour de l'empereur, et passa dans le voisinage de cette montagne célèbre où sont relégués les cadets de la famille royale. Nos voyageurs s'en étant approchés de trop près, furent salués d'une décharge de pierres qui les força de se retirer précipitamment. Ils surent ensuite qu'on coupait les mains et les pieds, qu'on crevait les yeux à quiconque essayait de pénétrer dans l'intérieur de cette montagne. On leur dit que le pourtour, composé de rochers escarpés et taillés à pic comme une muraille, était si vaste qu'il fallait quinze jours pour le parcourir. Au-dessus de cette grande montagne, s'élevaient d'autres montagnes, avec des vallées, des bois et des ruisseaux, et c'était une de ces vallées, si bien gardées par la nature, qui servait de prison aux princes du sang royal ; plusieurs avaient mainte fois, mais toujours inutilement, tenté de s'en échapper.

Après avoir traversé une partie des provinces d'Amhara et de Soha, l'ambassade arriva au camp de l'empereur, que la relation désigne encore sous le nom de *Prete Janni*. A l'entrée de ce camp, composé de tentes innombrables, nos voyageurs furent reçus par l'adrugaz ou maître des cérémonies, qui les conduisit dans une tente commode et s'empressa de fournir abondamment à tous leurs besoins. Le lendemain, ils furent introduits dans l'enceinte particulière du camp impérial. Toutes les tentes dépendant de ce camp étaient blanches, à l'exception de celle de l'empereur, qui était rouge et ne se déployait que dans les grandes occasions. On y arrivait par deux rangs d'arcades couvertes d'étoffes de soie. Un peuple immense, évalué par notre auteur à quarante mille personnes, entourait la tente impériale. Pour maintenir l'ordre parmi cette multitude, une centaine d'hommes, armés de fouets, parcouraient le front de la ligue, et faisaient à tout moment claquer ces fouets qui produisaient un bruit tel qu'il était impossible de s'entendre. A une portée d'arc de la tente impériale, soixante gardes habillés de soie, couverts chacun d'une peau de lion, et parés de chaînes d'or, s'avancèrent au-devant de l'ambassade. En la joignant, ils se partagèrent en deux bandes et l'accompagnèrent jusqu'à l'entrée des arcades, où elle s'arrêta. Dans l'intérieur, se tenaient le betudete ou capitaine-général, et le prêtre appelé *Cabeata*, réputé la seconde personne de l'état. Le cabeata sortit et demanda aux Portugais d'où ils venaient. Ils répondirent qu'ils étaient envoyés en ambassade par le capitaine-général de l'Inde, au nom du roi de Portugal. Le cabeata se rendit auprès de l'empereur, revint par trois fois réitérer la même question qui reçut toujours la même réponse; enfin il les invita à faire connaître l'objet de leur mission. L'ambassadeur répliqua par un compliment, assurant qu'ils désireraient baiser la main de l'empereur, et qu'ils se félicitaient d'être les premiers Européens qui eussent visité ses états. Cabeata retourna de nouveau vers l'empereur et reparut bientôt; il leur dit qu'ils étaient les bien-venus, et les invita à se retirer dans leur logement. Dans le cours de cette audience, ils n'entrevirent pas même l'empereur.

A l'instant où l'ambassade prit congé, une bande de larrons leur déroba plusieurs objets précieux, et blessa grièvement l'un des Portugais qui voulut s'opposer à leur tentative. L'ambassadeur ayant demandé quels étaient les moyens d'obtenir réparation d'un pareil outrage, apprit avec étonnement que ces larrons étaient autorisés, et qu'il y avait des officiers chargés de prélever une part des effets volés, pour le compte de l'empereur. D'après cette instruction, l'ambassadeur jugea prudent de s'abstenir de toute plainte. Quelques momens après, l'ambassade reçut en présent trois cents pains de froment, une grande quantité d'hydromel et dix bœufs. Des présens de même nature se succédèrent les jours suivans. On fit entendre toutefois, aux Portugais, qu'ils n'en recevraient plus s'ils n'offraient pas à l'empereur tout le poivre qu'ils avaient en leur possession. Ils refusèrent positivement, et depuis ce moment, ils furent traités avec une extrême froideur. Cependant, le premier novembre, deux heures après le coucher du soleil, *Prete Janni* les envoya chercher. On les retint plus d'une heure à l'entrée de la première enceinte, « exposés à un froid très-piquant. » Enfin cinq officiers vinrent les prendre, et les conduisirent dans l'intérieur; aussitôt leurs introducteurs, après avoir répété l'un après l'autre : Sire, voici les personnes que vous avez demandées! firent entrer les Portugais auprès du lit de l'empereur, placé au milieu d'une vaste pièce bâtie en terre, supportée par des piliers de bois de cyprès, et éclairée par quatre-vingts torches; cinq rideaux d'une superbe étoffe de soie, dont un brodé en or, entouraient le lit et cachaient entièrement l'empereur, qui s'entretint avec eux sans se montrer. Il manifesta des soupçons sur le but réel de leur mission, et témoigna combien il était mécontent d'avoir éprouvé un refus des présens qu'il désirait ; enfin il se montra peu disposé à reconnaître le caractère diplomatique de Matthieu. Les Portugais s'efforcèrent de le satisfaire sur tous les points et parvinrent à l'adoucir. Les provisions arrivèrent le lendemain comme auparavant, et furent régulièrement fournies par la suite.

L'empereur les manda de nouveau le 3, et reprit la conversation par l'intermédiaire de Cabeata. Entre autres choses, il leur demanda combien ils avaient d'arquebuses, objet qui lui causait apparemment quelque ombrage. Il demanda aussi comment les Turcs et les Maures avaient appris l'usage des armes à feu et de l'artillerie ; si les Portugais redoutaient les

Maures. L'ambassadeur assura que, pleins de confiance en leur religion, les Portugais méprisaient les Maures et ne les redoutaient nullement; assertion sur laquelle l'empereur parut élever des doutes.

Quelques jours après, il y eut une longue conférence et une vive discussion sur les dogmes des églises romaine et abyssinienne. L'empereur se prononça pour le mariage des prêtres, et embarrassa plus d'une fois l'ambassadeur en lui citant, à l'appui de son opinion, des décrets de conciles, sur lesquels celui-ci fut obligé d'avouer son ignorance. Cependant l'entrevue se passa paisiblement, et, après quelques autres conférences de la même nature, *Prete Janni* voulut bien accorder à l'ambassade le sublime honneur de le voir. Dans la soirée du 19 novembre, les Portugais se présentèrent à la porte de la première enceinte, où on les retint jusqu'à la nuit. Introduits, après de nombreuses cérémonies, ils se trouvèrent devant une tenture qui, en se retirant, en laissa voir une autre plus belle; celle-ci s'ouvrit également et découvrit aux regards des Portugais des trônes couverts de magnifiques tapis. Derrière ces trônes s'étendait une vaste draperie plus riche que tout ce qu'ils avaient vu jusqu'alors ; elle se sépara et les Portugais aperçurent enfin *Prete Janni*, assis sur une estrade élevée de six marches ; son front était ceint d'une couronne de vermeil ; sa main tenait une crosse d'argent, et ses vêtemens de soie éclataient d'or. Petit, pas tout-à-fait noir, « mais de la couleur des pommes rouges », il paraissait âgé de vingt-trois ans au plus. L'ambassadeur lui présenta la lettre du capitaine-général, qu'il se fit traduire aussitôt. Il l'écouta avec plaisir : cependant il parut regretter qu'elle ne fût pas écrite par le roi de Portugal lui-même. On parla ensuite théologie, et l'empereur demanda si, dans le cas où le pape donnerait des ordres contraires aux préceptes des apôtres, les Portugais se croiraient obligés de lui obéir. L'ambassadeur éluda la question ; mais l'empereur insista et déclara qu'il préférerait l'autorité des apôtres.

Deux jours après, pendant que l'ambassadeur était au lit, on vint le réveiller de la part de l'empereur, auprès duquel il fut introduit avec les cérémonies d'usage. Après quelques momens d'entretien, le monarque lui annonça qu'il était libre de quitter l'Abyssinie, et de retourner, quand il voudrait, en Portugal.

A la suite de cette entrevue, l'empereur se mit immédiatement en voyage, et permit aux Portugais de l'accompagner. Ils visitèrent un grand monastère appelé Machan-Celacen ou la Trinité, et furent témoins des plus augustes cérémonies de la religion abyssinienne. La première fut le baptême, qu'on administrait dans ce lieu tous les ans au milieu d'un lac artificiel, creusé de manière à ce que chacun des néophytes pût, en se tenant debout, avoir le corps entièrement dans l'eau ; chacun d'eux descendait par des degrés jusqu'à ce que la tête parût au-dessus de l'eau ; alors, un prêtre, à demi mort de froid par l'obligation de passer la nuit entière dans le lac, s'approchait, et plongeait la tête du néophyte dans l'eau par trois fois : telle était la cérémonie du baptême.

L'Abuna (1) procéda ensuite à l'ordina-

---

(1) Le patriarche d'Abyssinie.

tion des candidats qui se présentaient pour entrer dans les rangs ecclésiastiques, et dont le nombre se montait à deux mille trois cent cinquante-six. Il les fit rassembler dans une grande place, où il déclara excommunié tout homme qui, ayant eu deux femmes ou plus, oserait demander la prêtrise. Les candidats furent alors placés sur trois rangs, et trois prêtres allèrent de l'un à l'autre, examinant surtout si chacun d'eux savait lire. A raison du grand nombre, un pareil examen devait être fort court; aussi la plus grande partie ne lut-elle pas plus de deux mots. Après les cérémonies, l'empereur demanda au secrétaire d'ambassade son opinion sur cette manière de procéder. Alvarez fit deux observations; la première, sur le trop grand nombre de personnes admises, à la fois, dans les ordres; la seconde, sur l'indécente nudité d'une grande partie des candidats. L'empereur répondit qu'une excuse serait plutôt nécessaire relativement au petit nombre, puisque souvent, en pareille occasion, il s'élevait à cinq ou six mille, mais qu'il fallait attribuer cette diminution à l'arrivée inattendue de l'Abuna; quant à l'absence de vêtemens, il avoua franchement que la chose était peu convenable et témoigna l'intention d'y remédier à l'avenir.

A cette cérémonie, succéda celle de l'ordination des clercs. Là, point d'examen : on admettait des personnes de tout âge, et même un grand nombre d'enfans. Parmi ces derniers, on entendait des plaintes continuelles « semblables aux « cris des petits chevaux », plaintes arrachées par l'absence des mères qui laissaient leurs enfans tout le jour sans téter. Diverses cérémonies eurent lieu : la principale consistait à enlever une touffe de cheveux du front des enfans; mais elle était suivie d'une autre plus dangereuse : c'était de leur faire avaler l'hostie qui, formée d'une pâte grossière, ne passait qu'avec une extrême difficulté à travers ces gosiers délicats, malgré la grande quantité d'eau dont elle était accompagnée.

L'ambassade partit bientôt après, pour retourner en Europe : mais la mauvaise saison déterminant les Portugais à différer leur embarquement, ils jugèrent avantageux de revenir à la Cour, parvinrent à se rendre agréables au jeune monarque, et demeurèrent auprès de lui plusieurs années. Le 28 avril 1526, ils mirent à la voile et emmenèrent avec eux Zaga-Zabo, Abyssinien, en qualité d'ambassadeur. La relation de son ambassade, ainsi qu'un traité sur les mœurs des Ethiopiens, publiés par Daman-Goez, ont été rédigés d'après ses instructions.

En 1535, Abuna Marcos, patriarche d'Abyssinie, étant mort, l'Empereur se détermina à lui donner pour successeur *Jean Bermudez*, prêtre catholique alors en mission dans la contrée. Bermudez accepta, sauf l'autorisation du pape qui l'accorda facilement. Le secret motif d'une pareille distinction ne tarda pas à paraître. L'empereur, se trouvant engagé dans une guerre avec les Maures, comptait, par ce moyen, obtenir des secours des Portugais dont il connaissait parfaitement la supériorité militaire. Il ne se trompa point dans son calcul, et Bermudez lui-même se rendit à Goa pour appuyer cette demande de toute son éloquence. Don Stephen de Gama, vice-roi, parut peu disposé à s'embarquer dans une pareille entreprise, et témoigna la crainte de n'être jamais remboursé des sommes nécessaires pour cette expédition, qu'il évaluait à cent mille couronnes. Bermudez s'empressa de le rassurer sur ce point, en assurant que cette somme n'était qu'une bagatelle pour l'immense trésor de Prêtre-Jean. Cette assurance produisit une révolution complète dans l'esprit du gouverneur. Il fit promptement équiper une flotte et voulut même la commander en personne. Cependant, en arrivant à Massuah, il confia le commandement des troupes à son frère Christophe et retourna dans l'Inde. Christophe, après des services signalés pendant la guerre contre le roi d'Adel, tomba malheureusement entre les mains des ennemis qui lui tranchèrent la tête. Malgré ce funeste événement, les soldats continuèrent à combattre avec succès; avec leurs secours, l'empereur gagna plusieurs batailles, dans l'une desquelles périt le roi des Maures, et reprit toutes les provinces qu'il avait perdues au commencement de la guerre. Il ne se vit pas plutôt triomphant, qu'il montra moins d'égards aux Portugais, moins de déférence à la cour de Rome. Un pareil changement ne pouvait échapper à Bermudez, qui apprit en même temps que l'empereur et ses courtisans nourrissaient le projet de soumettre l'Abyssinie au patriarche d'Alexandrie. A cette nouvelle, Bermudez indigné se plaignit avec hauteur, éclata en menaces, déclarant qu'il allait partir sur le champ avec toutes les troupes portugaises. L'empereur répondit qu'il saurait bien empêcher ce départ, et forcer les Portugais à servir sous un général de son choix ; et bientôt ces dissensions dégénérèrent en hostilités ouvertes. Les Portugais, par la supériorité de leur discipline, obtinrent constamment l'avantage, mais sans pouvoir triompher complètement des armées immenses de leurs ennemis. De son côté, l'empereur voyant qu'il ne pouvait réduire les Portugais à force ouverte, eut recours à la ruse. Il envoya de riches présens à Bermudez, offrit une haute paie aux troupes, et promit de célébrer en personne les cérémonies religieuses de Noël conformément à ses instructions. Séduit par ces démonstrations amicales, Bermudez et les chefs portugais se rendirent immédiatement au camp de l'empereur : il les reçut avec toutes les marques extérieures de la joie et du respect ; mais, quelques heures après, il leur fit signifier l'ordre de se rendre chacun dans diverses provinces de l'Abyssinie, et mit ainsi en pratique la maxime si connue *divide et impera*. Distingué, même dans son exil, Bermudez reçut le titre de gouverneur de Gaffates (Eftat), situé à l'extrémité méridionale de l'Abyssinie ; les grands du pays eurent l'ordre de traiter le patriarche avec le plus grand respect, de remettre entre ses mains tout le revenu de la province, mais de s'opposer à son évasion. Ce qui peut nous intéresser dans cet événement, ce sont les renseignemens donnés par Bermudez sur ces régions lointaines qui n'ont été visitées par aucun autre Européen.

Le pays de Gaffates forme une vallée profonde. Pour y pénétrer, il faut franchir des montagnes si hautes, si escarpées, que le patriarche croyait, dit-il, « *descendre en enfer* ». Cette vallée se trouve cependant vaste, fertile et riche en mines d'or. On y fabriquait aussi de très-belles étoffes de coton. Bermudez peint le peuple comme « barbare et méchant » et composé, en grande partie, de juifs. Il y a plutôt lieu de croire qu'ils étaient *gentils*, et, par conséquent, vus en Abyssinie avec cette étrange haine qui poursuivait alors les juifs en Europe.

Notre auteur ne paraît pas, d'après ses propres aveux, avoir fait preuve de douceur dans l'exercice du pouvoir. Un capitaine abyssinien lui ayant déplu, il le fit saisir, charger de fers et souffleter ; après quoi il le livra aux soldats portugais qui feignirent de le fusiller et s'amusèrent des frayeurs que ce malheureux témoignait à chaque décharge de mousqueterie. Ce divertissement leur plut tellement qu'ils le renouvelèrent mais d'une manière atroce, en tirant au hasard plusieurs coups de canon à travers le peuple qui, saisi d'épouvante, se mit à fuir de tous côtés avec précipitation. Deux hommes périrent frappés *par accident*, dit la relation. L'empereur, très-mécontent de la conduite et des amusemens du patriarche, ordonna qu'il fût exposé et abandonné sur la cîme d'une montagne entourée de précipices : mais la bravoure de ses compatriotes le préserva d'un châtiment qu'il méritait si bien, et obtint même pour lui d'avantageuses conditions. Bermudez fut, à la vérité, dépouillé de son autorité ; mais on lui assigna des domaines considérables pour son entretien, et on lui conserva le titre de patriarche des Portugais. Le patriarchat d'Abyssinie passa en d'autres mains.

Bermudez séjourna quelques temps dans les provinces de Bali et de Doaro (Dawaro) frontières du royaume de Zeila : mais il n'en donne pas une description détaillée. Ces provinces sont bornées, au sud-ouest, par le royaume chrétien d'Oggi dont le souverain, tributaire de l'empereur d'Abyssinie, accueillit très-bien les Portugais. Ce prince entretient cinq mille hommes de cavalerie ; six cents montent de beaux coursiers harnachés d'une peau d'élan, le reste monte les chevaux à cru. Au de-là sont les Goragues, peuple païen chez lequel toutes les affaires se règlent par divination en consultant les entrailles des victimes. Les tributs du roi sont payés en or, et souvent en figures d'animaux de ce métal. On raconta aux Portugais qu'un homme blanc était venu dans ce pays, avant eux, pour trafiquer ; mais on ne put leur dire qui il était ni d'où il venait.

Bermudez parle de Damut, de Gojam, des sources du Nil : mais sa relation diffère peu de celles des autres voyageurs, excepté la description qu'il donne d'un certain royaume situé au de-là de Damut et qu'il appelle *Couche*. Le roi, dit-il, s'appelait Axgagee ou seigneur des trésors, titre parfaitement justifié par l'immense quantité d'or renfermé dans ses états. Il payait un tribut à l'empereur d'Abyssinie, mais sous la condition qu'il ne mettrait jamais le pied sur son territoire. Cette contrée est séparée de l'Abyssinie par un large fleuve sur lequel ce prince ne voulut jamais permettre la construction d'un pont, dans la crainte de priver ses états de leur barrière naturelle. Son armée consistait en vingt mille fantassins et dix milles cavaliers. Mille moulins à bras, manœuvrés par des femmes, étaient employés au service du camp. Par égard pour l'empereur d'Abyssinie, il permit à Bermudez de visiter une partie de ses états, dont celui-ci paraît avoir ridiculement exagéré les richesses en affirmant que le sol du pays se compose de deux parties d'or et d'une de terre, et qu'il renferme une montagne considérable toute d'or.

Après un court séjour, Bermudez retourna, par Gojam et Dembea, à Dobarwa, et ne tarda pas à quitter l'Abyssinie.

Quoiqu'on n'eût tiré aucun fruit de la mission de Bermudez, le monarque portugais ne renonça pas au projet d'amener l'Ethiopie dans le giron de l'église. Un prêtre abyssinien, arrivé à Rome, assura que le mauvais succès devait être attribué seulement à la mauvaise conduite de Bermudez, et qu'un homme habile et modéré parviendrait facilement à opérer la conversion des Abyssiniens. On supposa, sans raison plausible cependant, que ce prêtre ne parlait ainsi que d'après une mission de l'empereur abyssinien ; aussitôt le pape et le roi de Portugal résolurent de profiter d'une occasion qu'ils croyaient, gratuitement, si favorable, et Nugnez Barreto, investi de la dignité de patriarche, partit pour en exercer les fonctions en Abyssinie. Il arriva par le chemin ordinaire de Goa, mais ayant appris, dans cette ville, que des vaisseaux turcs rendaient très dangereuse la navigation de la Mer Rouge, il ne jugea pas à propos d'exposer sa personne sacrée, et se fit précéder par son adjoint *Oviedo*, accompagné de quelques prêtres d'un ordre inférieur. Oviedo parvint sain et sauf à Dobarwa et reçut le meilleur accueil des Portugais qui y étaient établis. Bientôt il se mit en route pour la cour de l'empereur : mais il ne put voyager qu'avec une extrême lenteur, à cause du grand nombre de ses compatriotes qui se présentèrent à lui pour se confesser. Enfin il arriva au camp de l'empereur Claudius. On lui témoigna généralement beaucoup de bienveillance, et les grands, même, vinrent le visiter et lui annoncer que l'empereur lui accordait la faveur d'une audience. Il y fut conduit avec une pompe extraordinaire, et traité avec les plus grands égards. L'empereur lui fit un accueil très-gracieux : cependant, à la lecture de la lettre qui expliquait le sujet de l'ambassade, l'impression du mécontentement se peignit sur la physionomie du prince qui reprit promptement sa première sérénité. Le missionnaire ayant obtenu une audience particulière, ne craignit pas de représenter au prince ses erreurs et de lui rappeler l'obligation de soumettre, lui et son royaume, à l'obéissance spirituelle due au successeur de saint-Pierre. L'empereur répondit qu'il était on ne peut pas mieux disposé en faveur des Portugais; qu'il était prêt à leur accorder des terres et des établissemens au-delà même de leurs espérances, la liberté entière d'exercer et d'enseigner leur religion; qu'il s'exposerait à bouleverser l'empire en contraignant ses sujets à embrasser la religion catholique; qu'ils étaient accoutumés à reconnaître pour chef spirituel le patriarche d'Alexandrie; qu'ils vivaient tranquilles et contens sous la direction de leur Abuna; qu'un pareil changement exigeait un sérieux examen, une prudence extrême, et qu'il en délibérerait avec ses amis et ses ministres. Oviedo, malgré son indignation contre cette *perfidie*, (c'est le mot qu'il emploie pour qualifier la conduite de l'empereur), voyant que tout espoir n'était pas perdu, jugea convenable de temporiser. Toutefois, il écrivit à l'empereur une lettre remplie des plus amers reproches sur l'hésitation qu'il osait manifester dans une pareille circonstance. Cette lettre étant restée sans effet, Oviedo demanda une conférence avec quelques docteurs abyssiniens, en présence du monarque. Cette proposition fut agréée sur-le-champ. Le missionnaire assure qu'aidé de la grâce, il réfuta victorieusement tous les argumens de ses adversaires. Malheureusement, ni eux ni le prince n'en jugèrent ainsi, et le résultat de cette conférence fut que l'église abyssinienne ne devait aucune obéissance à celle de Rome. Oviedo, certain qu'il ne pouvait rien gagner par la persuasion, résolut d'employer la force ; mais comment ? Voilà ce qui semble incompréhensible. Quoi qu'il en soit, il publia, le 2 février 1559, un rescrit, dont Tellez donne le texte. Dans cette pièce curieuse, après avoir adressé les plus violens reproches au peuple abyssinien et à son monarque, il les excommunie tous et les frappe d'anathême eux et leurs propriétés. On ne dit pas quels moyens employèrent les missionnaires pour l'exécution de ce rescrit singulier : mais il paraît qu'il devint le signal d'une persécution à laquelle ils ne parvinrent à se soustraire qu'avec peine. Malheureusement pour eux mourut, à cette époque, l'empereur Claudius que, malgré l'accusation de *perfidie* citée plus haut, ils s'accordent à peindre comme un prince accompli, et bienveillant à leur égard. Son successeur, nommé Adamas Segued, se montra plus sévère : à peine fut-il monté sur le trône, qu'il révoqua la permission accordée aux Abyssiniens de professer la religion catholique. Il fit venir Oviedo devant lui, et les discours de ce missionnaire lui causèrent une si violente colère, qu'il tira son cimeterre pour le tuer. Un miracle sauva la vie d'Oviedo, dit la relation; le cimeterre se brisa dans la main de l'empereur, qui relégua l'imprudent missionnaire dans une contrée déserte, où il serait mort de faim sans la charité d'une femme. Pendant tout le règne d'Adamas, il fut continuellement en butte à la persécution. Le pape, instruit de ses souffrances et de ses dangers, lui proposa de quitter l'Abyssinie et d'entreprendre une mission moins périlleuse. Oviedo refusa, et ne cessa de demander quinze cents hommes de troupes portugaises, avec lesquels il se flattait de *convertir* non-seulement l'Abyssinie, mais tous les royaumes voisins. Le roi de Portugal parut d'abord goûter cette proposition, et fit des promesses qu'il n'exécuta jamais. Oviedo mourut à Fremona en 1577.

Pero-Payz lui succéda dans la conduite des affaires des Portugais en Éthiopie. Parti de Goa en février 1589, avec Antonio de Mont-Serrat, il fut pris, par les Turcs, dans la traversée de la Mer-Rouge. Après sept ans de captivité, il recouvra sa liberté, au moyen d'une rançon, se rendit aussitôt en Abyssinie, et, débarqué à Fremona, se mit en route pour la résidence de l'empereur. Pero-Payz se montra supérieur à ses prédécesseurs, sous tous les rapports. Loin d'employer les menaces ou la violence, il mit tout en usage pour gagner les bonnes grâces de l'empereur. Son instruction rare, ses talens variés, son esprit adroit lui en fournirent les moyens. Entre autres choses, il entreprit de construire, pour l'empereur, une maison dans le genre européen, objet étonnant aux yeux de gens qui n'avaient jamais que des maisons d'un seul étage, bâties en argile et couvertes de chaume. Il pensa que rien ne lui donnerait, auprès du monarque et de la nation, autant de crédit que le succès d'une telle entreprise, soit par l'admiration qu'il exciterait, soit par l'idée qu'il donnerait des talens des Européens. C'était, de plus, un moyen pour dissiper l'incrédulité de certains esprits relativement aux pompeuses merveilles, racontées de l'architecture européenne. La plus grande difficulté fut d'instruire les naturels dans la fabrication et le maniement des outils nécessaires à la maçonnerie, au charpentage, à la serrurerie ; cependant le missionnaire en vint à bout, et finit par construire un édifice dont un monarque européen n'aurait pas dédaigné l'habitation. En Abyssinie, cet édifice fut considéré comme une des merveilles du monde, et l'on accourut des extrémités de l'empire pour le voir. Une maison à deux étages parut, aux yeux de toute la nation, un véritable miracle.

Un missionnaire tel que Payz devait acquérir bientôt un grand ascendant sur un prince ignorant et grossier. Aussi obtintil, en peu de jours, ce que ses prédécesseurs avaient tenté vainement pendant plusieurs années par la violence ; non-seulement l'empereur embrassa lui-même la religion catholique, mais il la déclara religion dominante de ses états, où elle subsista long-temps après son règne. Il est à regretter que nous n'ayions pas le journal d'un missionnaire si supérieur à tous ceux qui l'ont précédé ou suivi dans la même carrière. Ses manuscrits sont, dit-on, entre les mains des jésuites, et, probablement, existent encore, quoiqu'ils n'aient jamais été publiés. Tellez recueillit quelques-unes des ses observations, qui lui furent transmises par Almeyda, et dont nous allons donner un extrait.

Payz trouva l'empereur à Ondenegre, sur les rives « du fameux Nil », près de l'endroit où il se jette dans le lac de Dembea. Il tenait sa cour dans son camp qui pouvait être regardé comme la capitale de l'empire : son enceinte, entourée de deux gros murs de pierre et d'une haie vive très-épaisse, contenait un grand nombre de maisons bâties les unes en pierres, les autres en argile, mais toutes couvertes en

paille. « Voilà, dit l'écrivain, ces palais
« magnifiques, ces monumens superbes,
« ces colonnades de porphyre, ces tem-
« ples somptueux, que de mensongères
« relations disaient exister en Ethiopie
« où le plus bel édifice ressemble plutôt
« à la modeste habitation dans laquelle
« Evandre reçut le chef des Troyens. »
Cependant il excuse les monarques abyssiniens, en observant que de pareilles
constructions leur deviendraient à-peu-
près inutiles, d'après l'usage qu'ils ont
adopté de changer à tout moment de résidence.

Payz, durant son séjour, invité à dîner
chez l'empereur, a donné une description
du repas, beaucoup plus détaillée que
toutes les autres, celle de Bruce exceptée.

Les pages commencèrent par dresser,
dans la salle à manger, deux tables, une
petite pour l'empereur, une plus grande
pour les missionnaires. Ils tendirent un
rideau entre les deux tables, attendu l'u-
sage inviolable de l'Ethiopie, qui interdit
à tout le monde, excepté aux pages de
service, la vue de l'empereur pendant
qu'il mange. Dix femmes entrèrent en-

suite, chargées de corbeilles remplies de gâteaux de diverses espèces ; d'autres les suivirent, portant des écuelles de terre garnies de différens potages. Une planche ronde, de cinq à six palmes de diamètre, posée sur un tapis, formait la table qui fut entièrement couverte de gâteaux. On plaça dessus les potages, de manière que ces gâteaux servirent, tout à-la-fois, de nappes, d'assiettes et de nourriture. D'ailleurs, point de couteaux, de fourchettes, de cuillers, de salières, en un mot, aucun des instrumens usités en Europe. Voilà, dit l'écrivain, en quoi consiste tout luxe de la table impériale ; c'est ainsi que se renouvelle chaque jour, en Ethiopie, l'événement arrivé une fois aux Troyens en Italie, l'obligation de manger les tables.

A ce premier service, succéda le mets favori, la chair crue, qui fut également placée sur les gâteaux. L'empereur la découpa lui-même avec une espèce de coutelas attaché à sa ceinture, et en distribua une partie à ses pages qui la mangèrent, ou plutôt la dévorèrent avec une incroyable avidité. Pendant le repas, il ne fut pas question de vin ; les Abyssiniens ne boivent ni ne parlent en mangeant : mais aussitôt que les tables étaient desservies, on apporta des coupes et l'on causa gaîment jusqu'à ce qu'elles fussent vidées. Les Abyssiniens, assis à la table des missionnaires, se levèrent alors sans leur adresser un seul mot d'invitation, soit pour les accompagner, soit pour rester. Les missionnaires suivirent leur exemple, et, quoique peu satisfaits de la civilité de leurs convives, témoignèrent une vive reconnaissance de l'insigne honneur qui leur avait été accordé.

Un autre passage très-intéressant, de Payz, conservé par Kircher, parle de la source d'une rivière qu'il regarde, ainsi que tous les Portugais et les Abyssiniens, comme l'origine du Nil. Des motifs plausibles portant à croire que Payz fut le premier et peut-être, à l'exception de Bruce, le seul Européen qui ait visité ces « précieuses sources, » nous croyons utile de transcrire en entier ce passage.

« La source du Nil est située dans la
« partie élevée d'une large vallée, entourée
« de toute part par une chaîne de hautes

« montagnes. Pendant mon séjour auprès
« de l'empereur, je visitai avec soin cet
« endroit, le 21 avril 1618. Grande fut ma
« joie de voir ce que Cyrus, Cambyses,
« Alexandre-le-Grand et le célèbre César
« avaient cherché vainement avec tant
« d'empressement. L'eau, pure, limpide,
« agréable au goût, sortait de deux bas-
« sins arrondis, de quatre palmes environ
« de diamètre chacun. J'essayai d'en son-
« der la profondeur avec une lance : dans
« l'un, je ne pus pénétrer à plus de douze
« palmes, à cause des racines des arbres
« voisins qui fermaient le passage ; dans
« l'autre, distant d'un jet de pierre à-peu-
« près, j'enfonçai deux lances jointes en-
« semble, jusqu'à vingt palmes, sans ren-
« contrer d'obstacle. Les habitans pré-
« tendent que la montagne est remplie
« d'eau, et se fondent sur ce que toute
« la plaine, autour des sources, est molle
« et tremblante, preuve certaine que l'eau
« placée au-dessous et ne dépassant pas
« les bords des bassins, se fraie, avec
« violence, un passage souterrain. Les ha-
« bitans et l'empereur lui-même m'assu-
« rèrent que le sol s'était un peu raffermi

« cette année, à cause de l'extrême sé-
« cheresse; mais que, dans les années
« ordinaires, on ne pouvait approcher
« des sources sans danger. A une lieue
« environ se trouve le village de Guix
« (Geesh), habité par des payens qui, à
« certain jour de l'année, se rendent aux
« sources pour y offrir des sacrifices ;
« celui qu'ils appellent prêtre immole une
« vache, dont il jette la tête dans le bassin
« avec diverses cérémonies superstitieuses
« qui le font passer pour un grand saint
« parmi le peuple. »

Payz décrit ensuite le cours primitif du Nil, les rivières qu'il reçoit, son passage à travers le lac Dembea où il conserve visiblement la couleur de ses eaux, la terrible cataracte d'Alata, sa marche demi-circulaire autour de Begemder, Shoa, Amhara et Damot, jusqu'à une journée de ses sources ; les régions qu'il arrose ensuite sont si barbares et si peu connues, qu'un empereur d'Abyssinie, en y envoyant une armée, les appelait alors le « Nouveau-Monde. » C'est après avoir traversé d'innombrables régions, franchi

« d'épouvantables précipices, » que ce fleuve entre en Egypte.

Au milieu de la situation prospère dont jouissaient les Portugais, grâce aux soins de Payz, ils éprouvaient le chagrin de ne pouvoir communiquer avec l'Europe. La province de Tigré, la seule qui offrît la possibilité d'arriver à Massuah, s'était révoltée contre l'empereur; cet obstacle surmonté, il fallait, d'ailleurs, franchir la Mer-Rouge infestée par les Turcs, ennemis mortels du nom chrétien. Il ne restait donc d'autre espoir que de pénétrer jusqu'à l'Océan indien par l'extrémité méridionale de l'Abyssinie, et de s'y embarquer pour Goa. Malgré les difficultés et les dangers sans nombre de cette route, il fut résolu qu'une personne désignée par le sort tenterait l'entreprise. Le sort tomba sur *Antonio Fernandez*, homme vigoureux et déterminé, qui s'adjoignit un Abyssinien nouvellement converti, appelé Fecur-Egzie. Ils commencèrent par traverser le Nil sur un mauvais radeau, et entrèrent dans le pays des Gougas et des Bisamo qu'ils appellent Caffres, peuples payens, à demi-sauvages, sujets, en quelque sorte, de l'Abyssinie, dont ils n'obtinrent le passage à travers leur territoire qu'en joignant adroitement les prières et les présens aux menaces. Ils trouvèrent, après de pénibles recherches, un gué pour traverser le Maleg, et arrivèrent bientôt dans le royaume de Narea, vaste plaine, environnée de montagnes, contrée fertile, abondante en grains, en bestiaux et or. Elle ne produit pas elle-même ce précieux métal : mais il en vient une quantité considérable du midi et de l'ouest. Le royaume de Narea paraît situé dans la partie la plus élevée de l'Afrique, car les fleuves y prennent un cours opposé ; les uns se dirigent vers le nord, et vont se joindre au Nil, les autres vers le midi, et se jettent dans l'Océan indien. Le Benero (titre pris par le roi de Narea), comme tributaire de l'empereur d'Abyssinie, traita nos voyageurs avec une entière bienveillance, quoiqu'il éprouvât de vives inquiétudes sur le but de leur mission. Soupçonnant qu'ils allaient solliciter l'envoi des troupes portugaises en Abyssinie, et craignant de voir passer toute la contrée sous la domination d'étrangers qui établiraient, par la force, la religion catholique ; il assembla son conseil pour délibérer sur les moyens d'arrêter ou de retarder les voyageurs, sans offenser l'empereur d'Abyssinie. Enfin, on décida qu'au lieu de la véritable route sur la côte, on leur en indiquerait une si longue, si difficile, qu'il leur deviendrait à-peu-près impossible de remplir leur mission. On leur conseilla donc de se rendre, par Gingiro et Cambat, au cap Guardafui, et l'ambassadeur de Gingiro qui, pour lors, se trouvait à Narea, s'offrit à leur servir de guide. Ici commence le danger. Obligés d'abord de traverser les cantons occupés par les peuplades sauvages des Gallas, ils ne voyageaient que la nuit et se cachaient, tout le jour, dans les bois et les broussailles. Ils cheminaient depuis cinq jours de cette pénible manière, lorsqu'à la descente d'une montagne escarpée, ils se trouvèrent sur les bords du Zebée, qui leur parut plus large que le Nil. Ce fleuve, profondément encaissé, roulait avec une prodigieuse rapidité à travers des masses énormes de rochers taillés à pic. A l'aspect de cet abyme, au fracas des flots, nos voyageurs se crurent transportés dans les régions infernales ; pas d'autre pont, pour franchir ce gouffre redoutable, que des troncs d'arbres assez longs pour atteindre d'une roche à l'autre, pont dangereux, qui tremblait et craquait à la moindre pression. Nos voyageurs, saisis de frayeur, s'arrêtèrent un moment, mais les Gallas leur en inspiraient une plus forte encore. Le plus hardi de la troupe, après une longue hésitation, mit le pied sur ce frêle support, et, marchant avec précaution, atteignit enfin l'autre bord. Le reste imita son exemple, en passant un à un. Deux hommes restèrent pour la garde des bestiaux, avec instruction de les abandonner et de se sauver si les Gallas venaient à paraître : mais ces redoutables ennemis ne se montrèrent point et l'on ne tarda pas à trouver, dans une vallée voisine, un gué qui permit aux bestiaux de traverser le fleuve. Cet obstacle surmonté, on atteignit bientôt la ville de Gingiro. L'arrivée du missionnaire portugais fut annoncée au roi qui, occupé d'opérations magiques, ne l'admit en sa présence qu'au bout de huit jours. Ce prince le reçut assis sur un trône de vingt-cinq palmes au moins de hauteur, garni de degrés par devant, et environné de ses courtisans, auxquels il distribuait ses ordres du haut de son trône, semblable, dit notre voyageur, au Jupiter tonnant. Après avoir lu la lettre de l'empereur d'Abyssinie, il descendit de son trône pour complimenter le missionnaire; il y remonta ensuite et continua l'entretien au moyen d'un interprète. Toutes les fois que le roi parlait, celui-ci baisait le bout de ses doigts, inclinait le front jusqu'à terre, et transmettait les paroles du roi à Fernandez, dont il rapportait les réponses avec les mêmes cérémonies. Le prince fit beaucoup de questions sur la santé de l'empereur, et promit d'avoir égard au contenu de sa lettre, dans laquelle il recommandait de bien traiter le missionnaire et de lui fournir tout ce dont il aurait besoin.

Bruce considère Gingiro comme l'entrée des domaines du Démon en Afrique. Il paraît, en effet, que là commence le règne de la magie et du fétichisme, si répandu dans le midi de ce continent. Le mode d'élection à la couronne est si extraordinaire et si barbare, qu'on peut à peine y ajouter foi, malgré l'assertion de Bruce. La couronne est héréditaire dans une famille, mais elle n'appartient pas de droit à l'aîné des fils ; l'élection se fait de la manière suivante. A la mort du roi, ses fils s'enfuient dans les bois et s'y tiennent cachés comme des bêtes sauvages. On lâche alors un oiseau de proie, dont le vol guide la marche des personnes chargées de trouver le nouveau souverain. Si le premier des princes qu'on découvre par ce moyen est entouré de lions, de panthères ou autres animaux féroces, on le proclame roi : mais tout n'est pas fini ; la coutume veut que le prince résiste à ceux qui viennent le chercher pour l'élever sur le trône ; on pense bien qu'il a soin de ne pas prolonger trop-temps la résistance. On célèbre son avènement par la mort de deux personnages de distinction qu'on immole sur le seuil du palais.

Fernandez partit de Gingiro et se retrouva, après un jour de marche, sur les bords du redoutable Zebée. Son embarras devint extrême, car le fleuve paraissait plus rapide encore, et nul moyen ne s'offrait pour le traverser. Mais ses guides en imaginèrent un que les mathématiciens et les ingénieurs d'Europe n'eussent peut-être pas inventé, dit Fernandez. Ils tuèrent une vache, et, de sa peau, formèrent une grosse outre, dans laquelle ils enfermèrent une partie de leurs vêtemens, autant pour les préserver de l'humidité que pour servir de lest; cela fait, ils gonflèrent l'outre, attachèrent aux deux extrémités un fort bâton, dont chaque bout devait être tenu par un des voyageurs. La machine formait ainsi une espèce de balance. Pour la maintenir parfaitement en équilibre, il fallait que chacun des passagers demeurât immobile; car le moindre faux mouvement pouvait la faire chavirer. Un bon nageur, placé à l'avant, guidait la machine au moyen d'une corde attachée autour de sa ceinture, tandis que deux autres, placés à l'arrière, tâchaient d'en diriger les mouvemens. Après de pénibles efforts, ils atteignirent enfin la rive opposée, mais beaucoup plus bas que l'endroit d'où ils étaient partis. En mettant pied à terre, nos voyageurs s'agenouillèrent et remercièrent la Providence.

Après avoir surmonté cet obstacle formidable, Fernandez continua, mais avec difficulté, sa route à travers le royaume de Cambat. Le gouverneur d'Alaba, pays maure, ne voulut pas le laisser passer outre sans prendre des informations. Un Abyssinien schismatique lui ayant assuré qu'il se rendait dans l'Inde pour y demander des troupes portugaises, dans le dessein d'anéantir la religion de Mahomet, le gouverneur fit venir Fernandez, déclara qu'il voulait bien lui faire grâce de la vie, et lui enjoignit de retourner sur-le-champ en Abyssinie. Fernandez, trop heureux d'échapper au péril qui menaçait ses jours, se hâta d'obéir, et revint sain et sauf en Abyssinie, sans tenter d'autres moyens de remplir sa mission (1).

Jérôme *Lobo*, parti de Lisbonne en mars 1622, débarqua dans le port de Goa le 16 décembre suivant. Peu après, des

---

(1) Tellez, Ethiopia alta, IV, 2, 10.

nouvelles d'Abyssinie arrivèrent, annoncèrent la conversion de l'empereur Segued et d'un grand nombre de ses sujets, et la nécessité d'un plus grand nombre de missionnaires pour achever les travaux si heureusement commencés. Huit, parmi lesquels Lobo, furent désignés pour cette importante mission. Après une longue délibération sur le meilleur moyen de pénétrer dans l'intérieur de cet empire, on s'arrêta au parti suivant. Quatre missionnaires s'aventurèrent par la mer Rouge, échappèrent aux Turcs et parvinrent à leur destination ; deux autres prirent leur route par le royaume de Zeila, tombèrent entre les mains des Mahométans zélés et périrent décapités. Lobo et ses compagnons, sur de vagues renseignemens, se déterminèrent à traverser le royaume de Mélinde, résolution qui ne pouvait être suggérée que par l'ignorance la plus complète de la géographie de l'Afrique. Quoi qu'il en soit, Lobo, après une traversée de douze jours, prit terre à *Paté* à l'embouchure du fleuve Quillimanci. Là, il ne put rien apprendre de l'Abyssinie, sinon que les contrées intermédiaires étaient occupées par les *Gallas*, peuple sauvage et féroce, la terreur de l'Afrique. Ces discours effrayans ne détournèrent point le missionnaire de son projet ; à travers mille dangers, mille obstacles, il se rendit à Lubo, grande ville située à quarante milles de la côte, et dans le voisinage de laquelle campait un corps considérable de *Gallas*. Notre voyageur, en les observant, reconnut la vérité des rapports qu'on lui avait faits. Quand ces Barbares sont en guerre, ils abandonnent tous les enfans hors d'état de les suivre ; ils mangent de la chair de vache, crue, et en portent les intestins en guise de colliers et de parure. Ils montrèrent une grande surprise à la vue d'un homme blanc, et lui firent ôter ses bas et ses souliers pour s'assurer que tout son corps avait la même couleur. Irrités de la réponse d'un Portugais compagnon de Lobo, ils coururent aux armes, et s'avancèrent pour massacrer l'escorte du missionnaire ; mais quelques décharges de mousqueterie les intimidèrent et les continrent.

Jaloux d'obtenir des renseignemens positifs sur la route d'Abyssinie, Lobo se détermina courageusement à visiter le roi de ces Barbares. Il trouva le monarque assis dans une hutte de paille, un peu plus grande que celle de ses sujets. Ses principaux officiers l'environnaient, armés d'un bâton plus ou moins long suivant le rang de chacun. A peine Lobo eut-il dépassé le seuil de la porte, qu'une grêle de coups de bâton tomba sur ses épaules. Il se plaignit en demandant le motif d'une pareille réception : mais ils répondirent qu'ils recevaient ainsi tout étranger, afin de lui prouver tout à la fois leur respect et leur valeur. Lobo jugea convenable de ne témoigner aucun ressentiment et fit bonne contenance, quoiqu'il se repentît intérieurement de s'être livré à des hommes qui prouvaient leur hospitalité d'une manière si singulière. Dans cette position inquiétante, il imagina de demander, comme garantie, qu'ils prêtassent serment de respecter sa personne, ce qu'ils firent suivant leur coutume religieuse, en étendant la main sur la tête d'une brebis frottée de beurre. Après cette cérémonie, Lobo ayant demandé le chemin d'Abyssinie, apprit qu'il en était séparé par des régions immenses, habitées par des nations barbares au milieu desquelles sa vie ne serait pas un moment en sûreté. Il renonça donc à toute idée de suivre sa première direction : mais, avant de se rembarquer, il fut saisi d'une fièvre violente qui, exigeant une prompte saignée, lui fournit un échantillon de la chirurgie des Maures. L'opérateur lui découvrit le flanc auquel il fixa trois grandes cornes creuses, puis le piqua différentes fois avec une espèce de poignard, jusqu'à ce qu'il eût tiré une quantité suffisante de sang. A dater de ce moment, le missionnaire se rétablit ; mais il ne sut s'il devait attribuer cet heureux changement à l'effet naturel de l'opération, ou bien à la révolution que la crainte lui causa.

Il prit alors la route de Duncali, petit royaume au sud-est de l'Abyssinie, voisin du détroit de Bab-el-Mandeb. En peu de jours, mais non sans dangers et sans fatigues, il arriva dans la résidence du roi qu'il trouva prévenu par l'empereur d'Abyssinie et disposé, par conséquent, à lui faire un bon accueil. Cette résidence ou capitale consistait en six tentes et une vingtaine de cabanes. Une seule pièce formait la demeure du roi, isolée des autres ; d'un côté habitait le monarque, de l'autre son cheval, suivant la coutume du pays. Ce prince montra les meilleures dispositions, assurant aux Portugais qu'ils pouvaient considérer ses états comme leur patrie; mais lorsqu'ils lui offrirent leurs présens, il les rejeta avec mépris comme indignes de son rang, et ne les accepta de fort mauvaise grâce qu'après avoir acquis la certitude qu'ils ne pouvaient lui offrir rien de mieux. Depuis ce temps, ils éprouvèrent toutes sortes de mauvais traitemens de la part des habitans ; on alla jusqu'à leur refuser des vivres. Lobo sentit la nécessité d'agir avec vigueur, et menaça le roi de faire connaître sa conduite à l'empereur d'Abyssinie. Intimidé par cette menace, il leur fournit des provisions et les moyens de continuer leur voyage. Ils marchèrent long-temps à travers une contrée stérile et déserte, sans eau, sans ombrage, remplie de serpens, de bêtes féroces, et d'où ils ne se tirèrent que par un miracle de la Providence. Enfin au sortir d'un étroit défilé, ils entrèrent dans un canton délicieux, rafraîchi par des brises journalières, entrecoupé de ruisseaux limpides, ombragé par des bois toujours verts : mais bientôt tous leurs maux se renouvelèrent ; il fallut franchir un second désert, plaine immense, desséchée, brûlante, où l'Abyssinie s'approvisionnait de sel. Notre auteur en explique la formation d'une manière peu satisfaisante, en disant que les eaux qui découlent des montagnes se *congèlent* sous la forme de ce minéral. La terreur ajoutait encore aux maux des Portugais ; ils savaient que des hordes des Gallas parcouraient en tous sens cette plaine désolée, pour piller les nombreuses caravanes qui transportaient ce sel en Abyssinie ; ils rencontraient souvent des troupes récemment massacrées, et s'attendaient au même sort. Enfin ils échappèrent heureusement à tous les périls, et arrivèrent à Fremona, le principal monastère catholique de l'Abyssinie, où bientôt ils eurent oublié toutes leurs peines.

Peu après, les missionnaires commencèrent leurs travaux apostoliques. Ils entrèrent un jour dans un village, persuadés

d'y être bien accueillis, parce que le chef connaissait leur crédit auprès de l'empereur ; mais à peine eurent-ils choisi un logement, que tout le village retentit de pleurs et de gémissemens comme s'il eût été frappé de la plus terrible calamité. Les missionnaires apprirent que leur arrivée causait cette désolation, et que les habitans les regardaient comme des émissaires du démon. On leur affirma, que les visites des missionnaires annonçaient toujours ces nuées de sauterelles, fléau de l'Afrique et précurseur de la famine. Cette année fut précisément marquée par le passage de ces terribles insectes. « Cet évé-
« nement si naturel confirma, dans son
« erreur, ce peuple qui, dit Lobo, ne son-
« geait pas que les sauterelles avaient dé-
« solé l'Afrique avant qu'il y eût des jésuites
« en Abyssinie et même au monde. » Ces pauvres gens croyaient aussi, que dans la composition des hosties entrait du sang de chameau, de chien, de lièvre et de porc, tous animaux abhorrés en Abyssinie. En vain essaya-t-on de les détromper ; la vue d'une hostie suffisait pour les mettre en fuite. Les missionnaires cher-

chèrent à s'insinuer dans les bonnes grâces de la femme du chef, espérant, par son entremise, acquérir du crédit auprès du peuple. Ils ne purent y réussir, et de fait le beau sexe paraît s'être toujours montré leur ennemi. Ils tentèrent, sans succès, quelques visites dans les environs; partout même accueil, même désolation, mêmes terreurs. Plus d'une fois, le peuple furieux les aurait massacrés sans la protection des gouverneurs. Ils jugèrent donc à propos de retourner à leur quartier-général de Fremona. Lobo desirait et demanda la mission de la cour; on le nomma supérieur des monastères de la province de Tigré, charge d'autant plus pénible que la famine, suite naturelle du passage des sauterelles, lui était imputée. Une foule de malheureux, chassés, par la faim, de leurs habitations, exténués, décharnés, erraient comme des spectres autour du monastère; on leur prodigua vainement tous les soins de la charité, la plupart moururent d'épuisement.

A la même époque, une dissension particulière pensa causer la perte des missionnaires. L'épouse du vice-roi de Tigré, fille de l'empereur, sans égard pour ses devoirs, s'abandonnait à la débauche la plus effrénée. « Le vice-roi, dit Lobo, se « montra plus délicat que ne le sont gé-« néralement les grands dans ce pays ; sa « patience se lassa enfin ; il tomba dans « une mélancolie profonde, et se plaignit « amèrement à l'empereur de la scanda-« leuse conduite de sa fille. » Ce prince traita sans doute la chose assez légèrement, et le vice-roi, exaspéré contre sa femme, indigné de la partialité de son souverain, leva l'étendard de la révolte. Au moment d'éclater, il mit dans son parti les prêtres abyssiniens en leur promettant la mort de tous les missionnaires catholiques. Le vice-roi, malgré sa liaison intime avec Lobo, n'écouta, dans cette occasion, que la politique ; il employa divers stratagêmes pour l'attirer dans le piège, et le missionnaire se rendait auprès de lui, lorsqu'instruit des noirs projets du vice-roi, il regagna promptement Fremona. Alors le vice-roi se déclara ouvertement : mais bientôt vaincu par l'armée impériale, il expia sa rebellion sur l'échafaud.

Peu après Lobo, par ordre de ses su-

périeurs, partit pour le royaume de Damot, sur la frontière sud-ouest de l'Abyssinie. Il traversa le Nil (Bahr-el-Azrack) à deux journées environ de sa source. Là, point de ponts, point de barques; impossibilité de passer le fleuve à la nage, à cause de la multitude des crocodiles et des hippopotames. Il fallut s'embarquer sur un frêle radeau, moyen dangereux, parce que ces terribles animaux pouvaient le submerger facilement. Lobo paraît enthousiasmé de voir ce que les plus fameux monarques de l'antiquité ont si vainement cherché, et parle de cette source fameuse de manière à faire croire qu'il l'a réellement visitée (1). « Cette source, dit-il, ou
« plutôt ces deux sources, distantes l'une
« de l'autre d'un jet de pierre, sont deux
« puits de deux pieds de diamètre chacun :
« l'un a cinq pieds et demi environ de pro-
« fondeur, du moins la sonde ne put pas
« descendre plus bas, arrêtée peut-être

---

(1) La relation de Payz, antérieure seulement de quelques années, et, de tout point, conforme à celle-ci, n'a-t-elle pas plutôt servi de canevas à Lobo? (*Note du Traducteur.*)

« par les racines des arbres nombreux
« qui croissent alentour; dans l'autre, un
« peu moins large, la sonde pénétra jus-
« qu'à dix pieds sans rencontrer le fond,
« et les habitans assurent qu'on n'avait
« jamais pu le trouver. » Il parle, ainsi
que Payz, du sacrifice célébré tous les ans
dans ce lieu. « Le fleuve est d'abord si
« faible, qu'il serait probablement desse-
« ché par les grandes chaleurs, sans les
« tributs nombreux qu'il reçoit. A trois
« journées de sa source, il est assez large
« pour qu'un fusil ne porte pas d'une rive
« à l'autre. Le fleuve, continue Lobo,
« traverse le lac Dembea, sans y mêler
« ses eaux, se précipite ensuite du haut
« de la cataracte d'Alata, une des plus
« belles de l'univers, et dont la chute
« offre le magnifique spectacle de milliers
« d'arcs-en-ciel qui se jouent dans les
« eaux. Par une marche demi-circulaire au-
« tour de Gojam et de Damot, le fleuve
« revient sur ses pas à deux journées seu-
« lement de sa source, puis il se dirige
« vers l'est à travers des régions incon-
« nues. » Lobo ne sait plus rien de son
cours jusqu'à son entrée en Egypte.

Le missionnaire séjourna quelque temps dans la province de Damot. Un air sain, une douce température, des montagnes ombragées d'une grande variété d'arbres, de frais ruisseaux, en font, dit-il, le pays le plus délicieux de la terre. On sème, on moissonne en toute saison dans cette fertile contrée dont le sol entier ressemble à un jardin d'agrément. Ce ne fut pas sans regret que Lobo reçut l'ordre de revenir à Tigré.

Durant les derniers temps de son séjour en Afrique, Lobo et ses compagnons eurent beaucoup à souffrir. L'empereur Segued tomba en enfance; l'autorité passa entre les mains de son fils qui, malgré sa profession publique de catholicisme, conservait un secret attachement pour l'ancienne religion. Sûrs de son appui, les grands ne cachèrent plus la haine qu'ils portaient aux missionnaires. Lobo sut que le vice-roi de Tigré projetait de les livrer aux Turcs. Pour éviter ce malheur, il prit la fuite avec ses compagnons, et se réfugia auprès d'un chef révolté contre l'empereur d'Abyssinie. Il leur témoigna d'abord toute la bienveillance imaginable, et, par une infâme trahison, les vendit quelques temps après au pacha de Suakem. Les infortunés missionnaires tremblaient en approchant de leur destination; car ce pacha, mortel ennemi des chrétiens, disait hautement qu'il mourrait content s'il pouvait les exterminer tous de sa propre main. A leur arrivée, il ne parlait que de pals, que de bûchers; mais l'espoir d'obtenir une riche rançon changea ses projets. Ses demandes furent acceptées malgré leur exagération, et les missionnaires, rendus à la liberté, s'embarquèrent pour Diù.

D'après les notions données par Lobo même sur la religion des Abyssiniens, on a peine à concevoir le zèle extrême qu'on mettait à les convertir au catholicisme dont ils outraient, à ce qu'il paraît, diverses superstitions. Ils surpassent, par exemple, les catholiques en vénération pour le culte de la Sainte-Vierge; leurs jeûnes sont plus sévères, car ils excluent le beurre et le lait, et la contrée ne fournissant pas de poisson, ils en sont réduits aux racines et aux légumes cuits à l'eau; enfin l'Abyssinie est tellement remplie d'églises et de monastères, qu'il est difficile de chanter dans l'un sans être entendu dans l'autre : leur chant est, à la vérité, extrêmement bruyant ; passant continuellement des sons les plus aigus aux plus graves, ils dansent en se frappant dans les mains, et ressemblent plutôt à des furieux prêts à se battre, qu'à des hommes réunis pour une cérémonie religieuse. Lobo leur ayant reproché l'indécence d'un tel usage, ils le justifièrent par ces paroles du psalmiste : « Nations, « applaudissez. »

Lobo confirme le goût des Abyssiniens pour la chair crue ; « lorsqu'ils veulent « régaler un ami, ils tuent un bœuf, « et en servent, *immédiatement*, un quar-« tier sur la table (car la recherche con-« siste à servir de cette manière), sans « poivre ni sel ; le fiel du bœuf tient lieu « de tout assaisonnement. » Ceux qui se piquaient de bien traiter le missionnaire, lui offrirent plus d'une fois ce régal ; il ne trouva d'autre moyen de refuser sans les offenser, qu'en alléguant l'excellence d'un pareil mets, trop recherché pour un homme de son état. La bière et l'hydromel sont les liqueurs favorites des Abyssiniens qui en boivent avec excès. « Laisser partir ses convives avec l'usage « de leur raison, c'est manquer essentiel- « lement à la politesse. » Le peuple est assez misérablement vêtu, mais les riches aiment le faste et l'éclat; ils préfèrent les couleurs les plus brillantes, et portent ordinairement des étoffes de soie couvertes de broderies d'or et d'argent.

En 1673, la société royale de Londres publia un ouvrage ayant pour titre : « *Courte Notice sur le Nil*, par un témoin « oculaire, *traduite du portugais par sir* « *Pater Wiche*. » On le regarde généralement comme un extrait de la relation de Lobo; les détails sont en effet les mêmes, et les différences, consistant plutôt dans les expressions, sont si légères, qu'il est inutile d'analyser cette notice; les lecteurs curieux pourront recourir à l'original.

En 1655, un gentilhomme italien, Giacomo *Baratti*, entreprit un voyage dans l'Afrique orientale. Arrivé au Caire, il y trouva l'Abuna prêt à se rendre en Abyssinie pour y exercer ses fonctions ecclésiastiques. L'avantage de voyager avec un personnage si distingué, détermina Baratti à prendre la même direction. Ils s'acheminèrent vers Suëz dans l'intention de s'embarquer sur la mer Rouge ; mais la crainte des pirates turcs changea leur premier projet. Ils prirent la longue et pénible route de terre qu'ils firent avec moins de difficulté en se joignant à l'escorte d'un ambassadeur que le grand seigneur envoyait à l'empereur d'Abyssinie. Ils traversèrent d'âpres montagnes, uniquement habitées par des animaux sauvages tout-à-fait différens de ceux d'Europe ; ils aperçurent quelques tentes d'Arabes errans n'ayant, pour toute nourriture que des racines et les bêtes fauves qu'ils parvenaient à tuer, pour tout vêtement que les larges feuilles d'une espèce d'arbre qui croît dans leurs forêts : ils en forment une ceinture suffisant tout juste au vœu de la décence. En atteignant les frontières de Barnagasso, ils trouvèrent une peuplade qui se disait chrétienne, et ne différait guère des païens que de nom. Leurs habitations paraissaient plus convenables à des animaux qu'à des hommes. Un seul pilier de bois, placé au centre, supportait ces huttes misérables, construites de terre et de roseaux. Après avoir traversé la province de Tigré, envahie et dévastée quelque temps auparavant par les Turcs, ils arrivèrent à la résidence impériale où l'Abuna fut reçu avec la plus grande pompe. Notre voyageur obtint l'honneur de baiser le manteau de l'empereur.

Grâce à ses liaisons avec le clergé abyssinien, suites de son intimité avec l'Abuna, Barratti, conduit par l'évêque d'Amhara, pénétra dans l'endroit qui sert de prison aux princes du sang royal. C'est un château fort de deux milles de circonférence environ, contenant des jardins, des bois, des fontaines artificielles qui entretiennent une verdure éternelle dans ce beau séjour. Les princes n'en sortent point sans leurs gouverneurs, et ne peuvent, dans aucun cas, s'éloigner de la montagne qui n'a d'autre issue qu'un étroit défilé toujours soigneusement gardé. On fit voir à Baratti une bibliothèque composée de dix mille manuscrits dont quelques-uns, lui dit-on, écrits par les sages d'Egypte au temps de Moïse, étaient certainement les plus anciens livres du monde ; plusieurs paraissaient tracés sur du papyrus égyptien; vingt-trois personnes s'occupaient constamment à transcrire ceux de ces manuscrits dont le délabrement faisait craindre la destruction.

Baratti donne une idée très-favorable du clergé abyssinien qui, sous le rapport des dogmes et de la conduite, paraît supérieur aux prêtres catholiques, si zélés pour sa conversion. Les moines abyssiniens ne s'adonnent point, comme ceux d'Europe, à la paresse, à la mendicité; ils employent la plus grande partie du jour à un travail modéré, à des visites de malades et autres œuvres de charité ; ils se délassent le soir par la conversation et d'innocens amusemens. Ils vivent dans un accord si parfait que notre auteur pense, que, s'il y a un paradis sur la terre, il existe parmi les moines et les religieux de l'Ethiopie. Pour maintenir leur ancienne croyance, et se prémunir contre les erreurs de l'église romaine, le clergé abyssinien a rédigé une profession de foi dont voici les points principaux. La Vierge Marie, quoique digne de la plus profonde vénération, ne doit être ni adorée, ni priée; la croix, symbole de leur religion seulement, ne possède aucune vertu par elle-même; reconnaissant Saint-Pierre pour chef des apôtres, ils n'accordent à ses successeurs aucune autorité sur le reste de l'église; ils respectent les apôtres et les martyrs comme les anges, mais ne les prient point et ne leur attribuent aucun pouvoir. Le mariage est permis aux prêtres pourvu qu'ils s'en tiennent à une seule femme. D'après cet exposé, on peut juger facilement des améliorations que le catholicisme aurait pu introduire dans la religion abyssinienne.

En 1698, l'empereur d'Abyssinie, dangereusement malade, envoya un messager chargé d'offres magnifiques, à *Poncet*, fameux médecin du Caire, pour implorer ses avis et ses secours; Poncet accepta la proposition. Xavier de Brevedent, jésuite missionnaire, jugeant l'occasion convenable à de nouvelles tentatives en faveur de la religion catholique, se joignit à Poncet, et partit de Siout avec la caravane du Sennaar. Poncet éprouva une émotion extraordinaire en entrant dans le désert dont les sables mouvans, soulevés par la plus légère brise, obscurcissaient quelquefois la clarté du jour. On ne pouvait, sans un imminent danger, s'écarter de la caravane, même à la moindre distance, car on avait à craindre de ne jamais la rejoindre et de rester perdu dans ces immenses déserts. En quatre jours, ils arrivèrent à Helaoua (Ellwah) appelé communément le grand Oasis. Ce nom qui signifie Contrée des Parfums, semble parfaitement appliqué. Des arbustes fleuris, arrosés d'une multitude de petits ruisseaux frais et limpides, la perpétuelle verdure des palmiers, forment le plus agréable contraste avec la contrée environnante. Le sené abonde dans ce canton : mais cet arbrisseau, si prisé en Europe, n'est d'aucun usage dans ce pays. Au sortir de ce lieu charmant, ils entrèrent dans un désert plus affreux que le premier; ici, pas un ruisseau, pas un filet d'eau, pas un animal, un oiseau, un insecte, pas un brin d'herbe, rien que des montagnes arides, des cadavres et des ossemens de chameaux, objets qui glacèrent nos voyageurs d'épouvante. Après Chabba (Sheb), canton abondant en alun, ils gagnèrent Selyme, où ils trouvèrent d'excellente eau dont ils firent provision pour cinq jours. Ils ne virent pas trace d'habitation humaine jusqu'à *Machou* (Moscho), grande ville située sur la rive orientale du Nil qui, en cet endroit, forme un grand nombre d'îles d'une fertilité remarquable. Ils continuèrent leur route le long du fleuve, à travers une vallée agréable et bien cultivée, large environ d'une demi-lieue et bordée par les plus horribles déserts. La fertilité de cette étroite vallée n'est pas même un don de la nature; les rives du Nil, très-encaissé en cet endroit, empêchent l'inondation salutaire de se répandre dans la campagne; mais des machines élèvent les eaux dans de vastes réservoirs d'où partent les irrigations nécessaires.

Le 13 novembre, Poncet arriva dans la ville de *Dongola;* c'est, du moins nous le croyons, le seul européen qui ait visité cette ancienne capitale de la Nubie. Sa description n'en donne pas une grande idée. Cette ville est située sur la déclivité d'une colline aride ; les sables, entraînés par les pluies, encombrent ses rues étroites et presque désertes, les maisons sont basses et mal bâties. La citadelle, construite au milieu de la ville, assez grande, mais faiblement fortifiée, suffit pourtant pour tenir les Arabes en échec. Nos voyageurs dînèrent plusieurs fois avec le roi ; il portait un vêtement de velours vert, et marchait accompagné d'une garde nombreuse, armée d'épées et de lances. Les grands allaient tête nue les cheveux arrangés en tresses, et vêtus d'une tunique grossière sans manches. Les chevaux du pays sont d'une beauté parfaite et les cavaliers d'une habileté rare. Le peuple suit la religion mahométane, mais il n'en sait autre chose que la profession de foi qu'il répète continuellement ; il vit dans le dérèglement et la dissolution la plus complète. Le père Brevedent versa de pieuses larmes, dit la relation, en songeant que ces peuples avaient été jadis chrétiens et que le manque de missionnaires avait seul causé leur perte.

Le 6 janvier 1699, la caravane quitta Dongola et gagna Korti dans le royaume de Sennaar. Les peuplades répandues sur les rives du fleuve, au-delà de cette ville, vivent errantes et pillent toutes les caravanes qui traversent leur territoire. Pour éviter ce danger, les voyageurs sont obligés de prendre par le désert de Bahiouda, désert moins hideux que ceux de Libye, et dans lequel on trouve des plantes et des arbres. Après quelques jours de marche, Poncet et ses compagnons arrivèrent à Derrara (Derri) sur les bords du Nil. Bientôt ils atteignirent Guerri (Gerri) où ils traversèrent ce fleuve, les hommes et les marchandises en bateaux, mais les bestiaux à la nage, attachés aux barques avec des cordes. Quelques jours de marche à travers d'immenses forêts d'acacias les conduisirent à *Sennaar* dont la situation leur parut enchanteresse. Cette grande ville, dit Poncet, contient cent mille âmes; les maisons, assez mal bâties, sont couvertes de plate-formes qui offrent un coup d'œil agréable. Un grand mur de briques entoure le palais royal dont les divers corps de logis sont distribués sans ordre et sans goût, quoique de riches tapis décorent les appartemens. Introduits auprès du roi le lendemain de leur arrivée, nos voyageurs le trouvèrent assis, les jambes croisées, sur un beau sopha, et environné d'une vingtaine de vieillards ; âgé de dix-neuf ans seulement, grand, bien fait, il n'avait, malgré son teint noir, ni les grosses lèvres, ni le nez écrasé des Nègres. Il portait une longue tunique de soie brodée en or ; une espèce de turban de mousseline couvrait sa tête. Avant d'entrer, nos voyageurs reçurent l'ordre de quitter leurs chaussures ; admis devant le monarque, ils lui rendirent hommage en s'agenouillant et en baisant la terre par trois fois. Le roi examina avec attention et reçut avec plaisir les miroirs et autres curiosités qu'ils lui offrirent en présens. Il montra beaucoup d'esprit et de sagacité dans les questions qu'il leur adressa. Ses principaux amusemens consistaient à faire, deux fois par semaine, des tournées à cheval dans le pays, accompagné d'une suite nombreuse et brillante, à voir les grands s'exercer au tir des armes à feu. Les autres jours, il s'occupait uniquement des affaires publiques et du soin de rendre la justice d'une manière sommaire; comme dans tout l'Orient. A la mort du roi de Sennaar, le grand conseil s'assemble, choisit, parmi ses fils, l'héritier du trône, et fait mettre à mort tous ses autres enfans. Un frère du roi régnant, échappé cependant à cette barbare coutume, vivait réfugié alors en Abyssinie.

Poncet parle avec étonnement du bon marché de toutes les denrées dans le royaume de Sennaar. Un chameau coûte 170 à 200 francs tout au plus; un bœuf 60 francs; une brebis, 20 à 25 sols; une poule, un sou. Le marché se tient en plein air, au centre de la ville; il y a un second marché devant le palais pour la vente des esclaves. ennaar fait un grand commerce par la voie de Saquem (Suakem) sur la Mer-Rouge. Les exportations consistent en ivoire, tamarin, musc, poudre d'or, etc.; les importations en épiceries, quincailleries, bijouterie, et particulièrement en une espèce de verroterie noire fabriquée à Venise.

Notre voyageur, sans expliquer par quels motifs, séjourna trois mois à Sennaar où il fut traité avec la plus grande distinction. Enfin, s'étant mis en route pour sa destination, il s'arrêta dix-neuf jours à Geasim (Giesim). Là finissait la plaine. Nos voyageurs, obligés de traverser un pays montagneux, vendirent leurs chameaux, peu propres à marcher sur un terrein raboteux et inégal. Après quelques jours de route à travers des forêts de tamariniers, ils atteignirent Serka, ville frontière d'Abyssinie. A partir de cette ville, la route passait sur des montagnes cultivées jusqu'au sommet et couvertes de beaux arbres inconnus en Europe. Pendant le voyage, le père Brevedent mourut, au grand chagrin de Poncet qui, entre autres qualités éminentes, lui attribue le don de prophétie et le pouvoir de faire des miracles. Le 21 juillet, il entra dans Gondar et le lendemain reçut une visite particulière de l'empereur qui continua de le voir tous les jours; mais ce fut le 10 août seulement qu'il l'admit à son audience publique. Poncet trouva l'empereur assis sur un trône en forme de sopha, soutenu par des pieds d'or massif, couvert de tapis et de coussins magnifiquement brodés d'or, et placé dans une alcove surmontée d'un dôme tout brillant d'or et d'azur. Le prince avait la tête nue; une grosse émeraude ornait son front; une longue tunique, retenue par une ceinture, formait tout son vêtement: l'une et l'autre étaient couvertes d'or.

Poncet fit trois saluts à l'empereur et lui baisa la main. Le monarque, par une faveur particulière, l'avait dispensé des trois prosternations d'usage et du baisement des pieds. L'inévitable cérémonie des présens se passa d'une manière satisfaisante, après quoi l'empereur invita le docteur à s'asseoir et fit servir une collation.

Le monarque se soumit sans réserve au régime prescrit par Poncet et recouvra promptement la santé. Cet heureux succès ajouta beaucoup à la considération et à la faveur dont jouissait le docteur. L'empereur, très-dévot, voulut remercier Dieu de sa guérison en communiant suivant les rits religieux du pays, et invita Poncet à la cérémonie qui fut célébrée avec une pompe extraordinaire. Au milieu de douze mille hommes rangés en bataille dans la place du palais, l'empereur marchait vêtu magnifiquement, précédé d'une troupe de tambours, de fiffres, de trompettes, de haut-bois et autres instrumens propres au pays. On portait devant lui sa couronne ornée d'une croix de diamans ; ses chevaux de main, richement harnachés et couverts de housses brodées, fermaient la marche ; une salve d'artillerie annonça l'entrée du monarque dans l'église, et se renouvela au moment de la communion. L'empereur dîna ensuite en public. La description du repas est entièrement conforme à celle de Lobo, seulement Poncet ajoute qu'un officier essayait tous les mets avant de les servir à l'empereur. Le prince ne but qu'un peu d'eau-de-vie et d'hydromel. Poncet, en admirant les superbes raisins que produisait la contrée, témoigna sa surprise de ne pas voir de vin : on lui répondit que la chaleur ne permettait pas de le conserver. Au surplus l'hydromel lui parut délicieux ; mais il ne le croit pas salutaire pour l'estomac.

Gondar a trois ou quatre lieues de tour et contient cent églises. Cependant il n'est comparable en rien aux villes de l'Europe. Les maisons n'ont qu'un étage, et l'on n'y voit pas de boutiques. Tout se vend dans un vaste marché découvert, où les marchandises sont exposées tous les jours sur des nattes. L'or et le sel sont la monnaie courante.

Un accident empêcha Poncet de visiter les sources du Nil : mais, d'après les notions généralement répandues, il en donne une description presque en tout conforme à celle de Lobo. Relativement à l'état politique de l'Abyssinie, son récit diffère peu de celui des autres voyageurs. Le soin de sa santé, altérée par le climat, le détermina, malgré les instances de l'empereur, à retourner en Egypte; il prit le chemin ordinaire à travers la province de Tigré, de manière que le reste de son voyage n'offre rien de nouveau. Il s'embarqua à Messuah (Massuah) le 28 octobre 1699.

Depuis cette époque, il s'écoula une longue période avant qu'aucun voyage digne de remarque fût entrepris en Abyssinie. On commençait à oublier cette contrée, lorsqu'un voyageur nouveau, étranger à toute espèce de fanatisme et d'ambition, uniquement guidé par le pur amour de la science et le noble désir de la célébrité vint la rappeler au souvenir de l'Europe. Son nom figure le premier sur la liste des voyageurs qui ont visité le vaste continent de l'Afrique avec des vues libérales et éclairées. Ce fut après son consulat d'Alger que M. *Bruce* se détermina probablement à tenter quelque voyage important; mais il hésita quelque temps sur sa direction ; enfin il se décida pour l'Abyssinie. Son imagination s'enflamma surtout à l'idée de pénétrer jusqu'aux sources du Nil, inconnues encore, selon lui, malgré les recherches et la curiosité des plus célèbres philosophes, des plus illustres conquérans. A cet égard, il était dans l'erreur ; heureusement cet objet est très-secondaire dans l'intéressante description qu'il a donnée de cette vaste et singulière contrée. M. Bruce, averti des dangers qui l'attendaient, se munit, pour s'en garantir, d'un firman de la Porte, de lettres écrites par le shérif de la Mecque et Metical Aga son ministre ; mais on le prévint que tout cela lui servirait peu auprès du Naybe d'Arkiko, homme stupide et féroce qui, au milieu du désordre du pays, devenu indépendant, pillait et massacrait tous les étrangers obligés de traverser son territoire. Cet avertissement n'intimida point l'intrépide voyageur. Il se fit précéder par son guide, Mahomet Ghiberti, chargé par lui de répandre le bruit qu'un grand prince, fils ou frère d'un roi allait bientôt arriver dans cette ville. Cette nouvelle n'empêcha pas le Naybe de projeter le meurtre et la spoliation de notre voyageur ; mais son neveu Achmet s'opposa fortement à cette mesure, moins par aucun motif honorable, que par la crainte des dangers qui pourraient résulter d'un outrage commis envers une personne d'un rang si élevé, au moment même où un vaisseau anglais mouillait dans le port de Djidda.

M. Bruce, en arrivant à Massuah, se rendit sur-le-champ auprès d'Achmet. Il le trouva assis dans la place du marché, vêtu d'une longue et large tunique de mousseline blanche, semblable aux fourreaux des enfans européens ; tunique qui convenait mal à sa figure et à son âge. M. Bruce le vit ensuite chez lui en déshabillé, ayant pour tout vêtement un caleçon de calicot. Achmet l'ayant pressé de questions sur le bruit semé par le guide Mahomet Ghiberti, notre voyageur prit le parti de lui avouer son stratagême, avec une franchise qui augmenta la bienveillance d'Achmet. Quelques jours après, le Naybe vint à Massuah et donna aussitôt audience à M. Bruce, assis sur un large fauteuil de bois d'ébène, vêtu d'une simple chemise de coton d'une saleté dégoûtante. Une troupe d'esclaves entièrement nus se tenaient rangés aux deux côtés du fauteuil. Il fit peu d'attention aux lettres que M. Bruce lui présenta et les laissa de côté, disant qu'il faudrait un mois pour les lire toutes. A la vue des présens, un rayon de plaisir brilla dans ses regards; mais il ne dit pas un mot pour témoigner sa satisfaction, et congédia M. Bruce qui se retira assez mécontent de cette entrevue. Quelques momens après, il reçut une longue liste des présens dus au chef à divers titres, comme Naybe d'Arkiko, comme Aga turc, enfin comme s'étant abstenu de faire visiter les bagages de Bruce. Celui-ci, enhardi par la protection d'Achmet, répondit par un refus positif. Le Naybe furieux le manda aussitôt : mais, ayant appris que notre voyageur avait des lettres de recommandation pour Michael Suhul, gouverneur de Tigré, il n'osa pas le faire arrêter. Cependant il essaya, par les plus violentes menaces, de l'intimider et d'extorquer de l'argent ou de nouveaux présens; ses émissaires tentèrent même, pendant la nuit, de s'introduire dans le domicile de M. Bruce qui, grâce à la protection d'Achmet et du Sardar de janissaires, parvint à effectuer son départ.

Notre voyageur eut alors à franchir les hautes montagnes à travers lesquelles passe la route qui conduit dans l'intérieur de l'Abyssinie. Il ne surmonta qu'avec une peine infinie les obstacles sans nombre que le *Pas de Tarenta* opposait au transport de ses instrumens astronomiques. M. Bruce contredit toutefois ceux qui représentent les montagnes de Tigré comme plus hautes que les Alpes et les Pyrénées; ces montagnes le frappèrent seulement par la singularité, la variété de leurs formes. Les unes minces, plates et carrées, ressemblent à d'immenses murailles, les autres à des obélisques, à des prismes réguliers; il assure même que plusieurs, semblables à des pyramides, sont parfaitement orientées. Au sortir des montagnes, il trouva Dixan, ville considérable et frontière entre le territoire du Naybe et l'Abyssinie. De là, Bruce se rendit à *Adowa*, capitale de Tigré, d'où il fit une excursion pour visiter le monastère de Fremona, principal établissement des jésuites, édifice d'un mille de circuit, entouré de murailles crénelées et flanquées de tours, et plus semblable à une citadelle qu'à un couvent. C'est, au dire de Bruce, la plus forte place de l'Abyssinie.

Bruce visita aussi les ruines d'*Axum* sur lesquelles nous nous étendrons davantage dans le voyage de M. Salt. Il rapporte le fait suivant : non loin de cet endroit, trois soldats qui conduisaient une vache, s'arrêtèrent tout-à-coup, lui lièrent les jambes et l'abattirent ; Bruce crut qu'ils s'apprêtaient à tuer l'animal : quelle fut sa surprise, lorsqu'il les vit lever seulement deux tranches de chair, arrêter le sang, fermer la plaie avec un peu de terre, remettre la pauvre bête sur pied et la faire marcher de nouveau devant eux ! Il ne savait pas alors que la chair, coupée sur les animaux vivans, était le mets général et favori des Abyssiniens.

Passant ensuite par la province de Sire, il traversa le *Taccazé* dont les rives ombragées par une multitude de beaux arbres charmèrent ses regards. Avant de parvenir à Gondar, il fallait gravir la haute montagne de Lamalmon. Notre voyageur surmonta ce nouvel obstacle sans accident et trouva, au sommet de cette montagne, une grande plaine cultivée et couverte de bled. De là il aperçut Gondar ou plutôt le palais du roi, seul édifice visible; les autres, enveloppés d'arbres, offraient moins l'apparence d'une ville que d'un bois épais.

Bruce trouva l'Abyssinie en proie aux horreurs de la guerre civile. Ras Michael, gouverneur de Tigré, après avoir assassiné le roi, s'était emparé de la capitale et du pouvoir suprême que lui disputait Fasil, gouverneur de Galla. Celui-ci, maître des provinces de Gojam, Maitsha et Agoumire, se proclamait ouvertement le vengeur du roi, et ralliait ainsi de nombreux partisans.

Dans ces circonstances difficiles, au

milieu de dangers sans nombre, notre voyageur, par son adresse, ses connaissances en médecine, surtout par son habileté extrême à l'équitation et au tir, parvint à gagner tour-à-tour les bonnes grâces des deux adversaires, et, dans un moment de trêve et d'apparente réconciliation, il obtint de Fasil la permission et les moyens de visiter les cataractes du Haut-Nil et la source de ce fleuve célèbre. Une escorte était nécessaire pour voyager en sûreté : Fasil en accorda une commandée par Woldo, officier subalterne, dont la barbarie et la cupidité ne laissèrent pas de causer des inquiétudes à notre voyageur à qui Fasil donna, en outre, un de ses chevaux, non pour son usage, mais comme sauve-garde. Les habitans de Galla avaient, en effet, un profond respect pour ce noble coursier ; et les personnes auxquelles il servait de guide voyageaient avec autant de sécurité que si Fasil lui-même les eût accompagnées. Bruce l'éprouva bientôt. Ayant rencontré un chef suivi d'un parti nombreux, celui-ci, sans daigner parler à notre voyageur, adressa au cheval de Fasil une longue harangue dans laquelle il le plaignait d'être tombé entre les mains d'un blanc qui ne le traiterait jamais avec les égards et les soins convenables. Son discours terminé, il passa outre, et laissa Bruce continuer tranquillement sa route.

Notre voyageur visita d'abord la grande cataracte d'Alata d'où tombe le Nil en sortant du lac Dembea. Jamais, dit-il, plus magnifique scène n'avait frappé ses regards ; le fleuve tout entier se précipitait, en une seule nappe immense, écumante, d'une hauteur de quarante pieds, avec un fracas et une impétuosité impossibles à décrire. Etonné, ébloui par ce merveilleux et imposant spectacle, il demeura quelques momens absorbé dans une espèce de délire : il semblait, ajoute-t-il, que l'Océan, brisant ses barrières, s'élançait pour engloutir le monde !

Parvenu dans la province de Sacala, agréable et fertile contrée, Bruce atteignit enfin l'objet de ses vœux ; il vit le Nil à son berceau et si étroit qu'on pouvait sauter d'un bord à l'autre. Ivre de joie, notre voyageur s'en donna le plaisir cinquante ou soixante fois. A l'aspect de la source principale, son enthousiasme s'accrut encore, et il éprouva les mêmes transports que Payz. Quelques tristes réflexions sur les dangers qui l'environnaient interrompirent tout-à-coup son extase; mais, reprenant bientôt son courage et sa gaîté, il passa plusieurs jours à examiner soigneusement les sources et leurs environs. Quittant Geesh, il s'arrêta chez Ambat', ami intime de Fasil, et reçut de sa femme l'accueil le plus hospitalier. Cependant Michael marchait sur Gondar à la tête d'une puissante armée, rassemblée dans son Gouvernement; ses adversaires, jugeant la résistance impossible, lui abandonnèrent la possession de la capitale d'où ils l'avaient chassé quelque temps auparavant. Cette révolution convenait aux intérêts de Bruce : constant dans son attachement pour le parti de Michael, il se rendit donc, en toute hâte, à Gondar, espérant y trouver un séjour agréable; mais il fut cruellement déçu de cet espoir.

Michael, naturellement sévère, excité alors par la fureur et la vengeance, exaspéré par ses revers, traita ses ennemis avec une barbarie inouïe, et permit à ses partisans tous les excès. Gondar regorgeait de sang, et les hyènes, attirées par le carnage, descendaient en foule des montagnes pendant la nuit, pour dévorer les cadavres abandonnés sans sépulture. Bruce ne pouvait sortir sans avoir sous les yeux cet affreux spectacle. L'horreur qu'il témoignait, regardé par les Abyssiens comme une preuve de faiblesse, lui fit perdre, en partie, la considération dont il jouissait auprès d'eux. Vaincus, mais non domptés, les confédérés réunirent toutes leurs forces et se trouvèrent en état de reprendre l'offensive. Michael marcha contre eux, et remporta une victoire signalée près de Serbraxos : mais la perte immense d'officiers et de soldats, malgré ce succès, ne lui permit pas de faire long-temps tête à l'ennemi qui acquérait chaque jour de nouveaux partisans. Il voulut opérer sa retraite sur Gondar ; une retraite est, pour une armée indisciplinée, l'avant-coureur certain de la dispersion. Michael, rentré presque seul dans cette capitale, fut obligé de se remettre entre les mains des confédérés. La position de Bruce devint alors insupportable; il sollicita et obtint enfin la permission de partir.

Notre voyageur prit la route de Sennaar et de Nubie, qui offrait de nouveaux alimens à sa curiosité, mais, en même temps, de redoutables dangers. Il l'éprouva bientôt à Teawa, résidence de Fédaile, cheik d'Atbara. Ce chef avait fait les plus belles promesses de faveur et de protection, mais avec la ferme intention de les trahir. Bruce était à peine arrivé qu'il lui demanda impérieusement une somme considérable, et sur son refus, non seulement il s'opposa à la continuation de son voyage, mais il manifesta l'intention d'obtenir à force ouverte ce qu'il avait demandé. Bruce et sa petite troupe, tout-à-coup assiégés, intimidèrent l'ennemi par leur bonne contenance et la supériorité de leurs armes. Fedaile, feignant de renoncer à la violence, entra en pourparler, attira chez lui l'imprudent voyageur par de nouvelles promesses, et tenta de l'assassiner; la vigueur et l'intrépidité de Bruce le sauvèrent de ce danger. Le lendemain, un mollah envoyé par son ami le cheik de Beyla, parut fort à propos ; Fédaile n'osa plus rien entreprendre, et Bruce, après avoir traversé le territoire de Beyla et le Nil à Bashoch, entra dans le Royaume de Sennaar gouverné, alors, comme le sont presque toujours ces pays barbares. Le monarque héréditaire jouissait de l'apparence et de l'éclat de la souveraineté, tandis que le pouvoir suprême appartenait au cheik Adelan, général des armées. Ce dernier reçut notre voyageur avec une brusquerie militaire approchant de la grossièreté ; mais, charmé des manières de Bruce qui lui répondit sur le même ton, et surtout de son habileté en équitation, sa passion favorite, il devint bientôt son ami. Bruce ne réussit pas aussi bien auprès du roi qui, pendant son séjour, donna plusieurs fois l'ordre de l'assassiner. Son heureuse étoile le préserva miraculeusement, quoiqu'il s'exposât souvent avec une imprudence extrême. Un jour les femmes du roi réclamèrent son secours comme médecin : il se rendit à leur demande sans prendre l'ordre du roi, et les trouva rassemblées dans la même chambre au nombre de quarante.

Ces femmes, sous prétexte de le mettre en état de mieux juger de leur situation, se déshabillèrent en sa présence et se montrèrent, sans le plus léger voile, à ses regards : il les trouva si laides, si dégoûtantes, qu'il ne conçut pas la moindre idée d'attenter aux droits de leur royal époux ; cependant il se retira fort inquiet des suites que pourrait avoir une pareille aventure, si elle parvenait aux oreilles du roi.

Sennaar est une ville très-peuplée ; les maisons, quoique de terre seulement, sont construites avec solidité à la manière du pays ; cependant, depuis le voyage de Poncet, quelques-unes ont deux étages. Sennaar, élevé au-dessus du niveau des hautes eaux, n'a rien à craindre des inondations. Son territoire, gras et fertile, produit, avec une merveilleuse abondance, tous les grains, toutes les plantes nécessaires à la vie, mais ne convient pas à l'éducation des animaux domestiques. On parvient à en élever seulement dans les sables, qui commencent à deux milles de distance de la ville ; c'est là que le cheik Adelan entretient sa cavalerie, tandis que le roi, enfermé dans la ville, ne peut pas conserver un seul cheval. Le royaume héréditaire passe au fils aîné du monarque décédé ; les autres enfans sont mis à mort. Les grands s'arrogent le droit d'abréger les jours du souverain, toutes les fois que cela leur convient, et, chose plus étrange, il y a un officier nommé particulièrement pour exécuter cette sentence. Cet officier, remplissant en même temps les fonctions de grand-maître, est attaché au service intime du roi ; cependant, aucune mésintelligence ne paraît résulter des relations singulières qui existent entre ces deux personnages.

Bruce quitta Sennaar et atteignit, en peu de jours, Halifors, près duquel le Bahr-el-Abiad se jette dans le Bahr-el-Azergue. Il regarde toujours ce dernier comme le Nil : cependant, il observe que l'Abiad, constamment plein, est trois fois plus considérable, tandis que le lit de l'Azergue est rempli seulement dans la saison des pluies. De là, il se rendit à Chendi où il vit des ruines considérables, d'après ses conjectures, celles de l'antique Meroë. Non loin de ces ruines, il perdit de vue le Nil qui se dirige tout-à-coup vers l'ouest, et entra dans le désert de Nubie où il parcourut une route de plus de cinq cents milles sans apercevoir aucune habitation. Quelques puits pratiqués au milieu des rochers arides et des sables brûlans, étaient les seuls vestiges du passage de l'homme dans ces affreuses régions. Nos voyageurs coururent le danger de périr presque au terme de leurs fatigues ; leurs chameaux se couchèrent et refusèrent de marcher: cependant, après quelques heures de repos, ils firent un dernier effort. La petite caravane revit enfin le Nil près de Syene, et n'eut plus rien à craindre.

A la suite du voyage de M. Bruce, nous avons pensé qu'il n'était pas sans intérêt de faire connaître les vives discussions élevées sur l'authenticité de sa relation. Les lecteurs vulgaires éprouvent en général une certaine répugnance à croire tout ce qui passe les limites de leurs observations bornées ; aussi plusieurs des faits cités par Bruce ont-ils paru incroyables aux personnes de cette classe : leur mémoire est sans doute très-mauvaise, car ils ont totalement oublié que les rapports des premiers voyageurs en Abyssinie (et ils sont nombreux) s'accordent avec celui de Bruce sur tous ces points. Aujourd'hui, le public instruit paraît avoir cassé leur jugement. M. *Salt*, dont le sang-froid, le bon sens, l'austère véracité, contrastent si fort avec la bouillante imagination et l'*étourderie* de son prédécesseur, a fourni d'excellens matériaux sur le même sujet, et met le lecteur à portée de prononcer en connaissance de cause. Voici les principales différences entre son rapport et celui de M. Bruce.

M. Salt, dans sa première relation, affirme qu'on ne découpe pas les animaux vivans ; mais, dans la seconde, il avoue, avec candeur, que les observations d'un voyageur instruit lui ont prouvé l'existence de cette coutume barbare, désignée sous le nom de *choulada*. Cependant il conteste encore le récit de Bruce, et prétend que l'animal n'est pas vivant lorsqu'on enlève la chair ; il admet toutefois comme probable, qu'on découpe l'animal à l'instant même où il reçoit le coup mortel, et qu'on sert sur la table des chairs encore chaudes et palpitantes : ainsi, la différence entre les deux voyageurs, se trouve réduite à bien peu de chose. Peut-être la vivacité de M. Bruce ne lui a-t-elle pas permis de faire cette distinction, peut-être aussi le court séjour de M. Salt, en Abyssinie, ne lui a-t-il pas fourni l'occasion d'observer le fait. M. Salt, en confirmant ce que dit Bruce de la conduite irrégulière des Abyssiniennes, le taxe cependant d'exagération dans les détails. M. Salt observe d'ailleurs que le roi actuellement régnant montre, à cet égard, une sévérité peu commune, jusqu'alors, en Abyssinie, et qu'il exige un grand respect extérieur pour les mœurs. A l'époque du voyage de M. Bruce, une licence effrénée, suite des dissensions intérieures, régnait, au contraire, dans ce royaume; le retour de la paix et le rétablissement de l'ordre ont dû nécessairement amener aussi un changement dans les mœurs. Les autres différences ne valent pas la peine d'être citées; et si l'on en excepte l'aventure romanesque de Teawa, la relation de M. Bruce paraît mériter toute confiance.

Les reproches adressés à M. Bruce, pour avoir indiqué le Bahr-el-Azergue, au lieu du Bahr-el-Abiad, comme source du Nil égyptien, paraissent encore moins fondés. Lorsque Bruce quitta l'Europe, tous les voyageurs et géographes modernes, sans exception, avaient la même opinion. Arriver à cette source qu'il supposait n'avoir jamais été visitée par aucun Européen, tel était l'objet de son ambition ; cette idée occupait nuit et jour son esprit, et ce fut au prix de souffrances incroyables, de fatigues inouïes, à travers des dangers sans nombre, au hasard de sa vie, qu'il accomplit courageusement son projet favori. Après tout cela, ce ne peut être un sujet d'étonnement ni de blâme, s'il n'a pas fait ces scrupuleuses recherches, ce minutieux examen au moyen desquels Danville a prouvé que le Bahr-el-Azergue ne devait pas être regardé comme le Nil. Toutefois, c'était une opinion et non un fait : peut-on s'étonner que M. Bruce soit resté fidèle à son système? D'après une note de Pinkerton, il paraît que l'historien et le géographe, peu accoutumés, l'un et l'autre à céder, se rencontrèrent à Paris, et eurent, à ce sujet, une violente discussion. Bruce, dans plusieurs de ses écrits, laisse percer sa profonde indignation contre les personnes auxquelles il suppose le dessein de lui ravir sa gloire Jamais, chose remarquable, il ne fit la moindre allusion à aucun système contraire au sien. Ce silence pourrait, jusqu'à certain point, faire soupçonner sa bonne foi : cependant on doit à lui et à lui seul, si notre mémoire nous sert bien, de savoir que l'Abiad, au point de jonction avec l'Azergue, est trois fois plus considérable que ce dernier. Il y a certes de la noblesse et de la franchise de sa part, à citer ce fait qu'il savait si puissamment contraire à son hypothèse chérie.

Ce ne fut pas la seule mortification qu'il éprouvât en revenant en Europe. On lui opposa le passage du père Kircher relatif au voyage de Payz, voyage qui enlevait à Bruce la gloire d'être le premier Européen parvenu aux véritables sources du Nil. Il fallut répondre positivement à cette objection, et Bruce s'efforça de prouver que la description de Payz n'était pas applicable à l'endroit que lui-même avait visité. Ses argumens sont faibles : mais nulle part il ne déguisa les faits pour défendre sa cause, et il fournit ainsi lui-même des armes à ses adversaires. Hartman dit qu'il suffit de placer en regard la description de Bruce et celle de Payz, pour montrer leur correspondance évidente. S'il faut dire notre opinion, nous pensons qu'accuser Bruce d'un mensonge ou bien d'une simple erreur, c'est en agir avec une rigueur extrême, surtout lorsqu'au lieu d'altérer la vérité pour soutenir sa cause, il cite les faits qui servent à réfuter tous ses argumens.

Il existe encore une charge contre Bruce. Nous voulons parler des deux excursions qu'il prétend avoir faites l'une de Badjoura à Syene, l'autre de Loheia au détroit de Bab-el-Mandel, et dont plusieurs raisons font suspecter la réalité. D'abord, il n'en est pas fait mention dans son journal, ni dans celui de son compagnon Balugani, ni dans une lettre à M. Wood dans laquelle il trace un précis de ses premiers voyages; puis il cite des observations astronomiques faites à Loheia à l'époque même où, suivant la relation de ses voyages, il se trouvait absent pour son excursion à Bab-el-Mandel. Toutes ces circonstances, réunies, inspirent nécessairement des doutes sur sa sincérité : cependant il n'est pas tout à fait impossible, comme son éditeur même semble le croire, que Bruce ait réellement fait ces deux voyages. Supposons, en effet, que Balugani, demeuré en arrière, soit l'auteur des observations astronomiques, une partie des difficultés disparaît. Ce qui nous porte à chercher quelques preuves de possibilité, c'est l'inutilité de ces scandaleux et grossiers mensonges. S'il avait feint des excursions dans des régions inconnues de l'Afrique intérieure, le cas serait bien différent. Il s'agit, au contraire, de voyages fréquemment entrepris et achevés par d'autres avant lui, et dont il ne peut, en conséquence, tirer aucune gloire. Celui de Syene, en particulier, le place sur le même terrein qu'il parcourut, ensuite, à son retour d'Abyssinie, et n'ajoute rien à l'intérêt de sa relation. Ces considérations ne sont pas, sans doute, des preuves évidentes ; mais elles suffisent, selon nous, pour établir la probabilité des voyages et pour empêcher d'attaquer légèrement l'honneur et la véracité de M. Bruce. Nous ajouterons que si, par un caprice absurde, M. Bruce a supposé ces voyages, il n'a pas eu, du moins, l'intention d'accréditer ou de répandre des notions erronées sur ces contrées et leurs habitans ; il s'interdisait en effet toute fiction, en choisissant des contrées déjà décrites par plusieurs voyageurs estimés. Au reste, qu'il ait ou n'ait pas visité ces lieux, ses descriptions sont excellentes, et s'il n'a pas vu lui-même, il a, du moins, puisé aux bonnes sources. Nous sommes loin de justifier de pareilles faussetés ; mais elles nous paraissent moins coupables et moins dangereuses que celles de Psalmanazar et de Damberger qui, choisissant pour sujet des régions où ni eux ni aucun voyageur n'ont jamais pénétré, décrivent des pays et des scènes qui n'ont jamais existé.

Lord Valentin se trouvant, en 1805, dans la Mer-Rouge, *M. Salt*, homme plein d'esprit et d'instruction, attaché à l'ambassade, entreprit un voyage dans l'Abyssinie qu'aucun Européen, depuis Bruce, n'avait visitée. En 1809, M. Salt fut chargé d'une mission qui le ramena dans la même contrée : nous allons réunir les observations les plus intéressantes de ses deux voyages.

M. Salt, débarqué à Massouah, eut à combattre les prétentions accoutumées du Naybe, relativement à la valeur des présens qu'il exigeait pour prix de sa protection. Après de vives contestations, il parvint à lui faire accepter cinq cents dollars; à cela près, M. Salt et ses compagnons n'eurent pas à se plaindre du Naybe. Notre voyageur passa deux jours à Arkicko, dont il peint les habitans sous les plus noires couleurs; ils semblent, dit-il, réunir tous les vices de la civilisation et de la barbarie, et sont regardés avec une espèce d'horreur par les habitans même de Massouah qui ne leur sont guère supérieurs en moralité. M. Salt allait se mettre au lit, lorsque le Naybe le fit prévenir de la nécessité de fermer soigneusement la porte de son habitation, et même de faire quitter à la sentinelle son chapeau et ses souliers, dans la crainte qu'on ne les lui volât pendant la nuit. On pense bien que notre voyageur éprouva une vive satisfaction de pouvoir, en commençant son voyage, s'éloigner d'un pareil séjour. Il marcha quelque temps à travers cette haute et stérile chaîne de montagnes qui sépare la province de Tigré de la côte; mais le principal obstacle de la route, le Pas de Taranta, ne parut pas à M. Salt aussi difficile à franchir que le prétend Bruce dans sa relation. Dixan est une ville considérable ; les maisons, terminées en plate-formes, n'ont point de cheminées; deux tuyaux de poterie, placés au-dessus, servent de soupiraux. La population est noire, grossière, ignorante et sale. Les femmes, chargées de tous les travaux de l'agriculture, sont obligées d'aller aux champs avec leurs enfans sur le dos. M. Salt trouve leur musique insoutenable. Il n'existe point d'école pour apprendre à lire; pas un habitant sur vingt ne possède ce talent : aussi le petit nombre de ceux qui savent lire se croient-ils capables, par cela seul, de devenir prêtres. Les marchandises les plus recherchées au marché de Dixan sont les étoffes blanches, le tabac, le poivre, les miroirs et les liqueurs spiritueuses.

M. Salt reçut un assez bon accueil du

Baharnagash, principal prêtre aussi bien que premier magistrat, dont la juridiction s'étendait sur six ou sept villages, et qui lisait les prières du matin et celles du soir devant une nombreuse assemblée. C'était un homme gros et âgé, d'une physionomie douce ; une simple tunique formait tout son vêtement ; un bâton de six pieds de long et dépouillé de son écorce, était la marque de sa dignité : on le portait devant lui lorsqu'il sortait.

Après avoir traversé Abha, Agouma et quelques autres villages, notre voyageur arriva à Genater. Le chef donna un festin splendide en son honneur. C'est là qu'il vit pour la première fois, dans tout son éclat ou plutôt dans toute son horreur, l'usage dont nous avons parlé précédemment. Quatre-vingt-quinze convives réunis dans une vaste salle, armés de longs couteaux, tailladant d'énormes pièces de chair crue et dévorant des morceaux tout sanglans, offraient un spectacle révoltant et sauvage ; les femmes, séparées de la société par un rideau, s'aperçurent du malaise de M. Salt, et l'invitèrent à prendre place auprès d'elles ; le voyageur se trouva fort bien de ce changement, car la maîtresse de la maison, jeune et gentille, n'était pas même dépourvue de grâces.

En quittant Genater, il visita Abuhasubba, vaste église entièrement taillée dans le roc. Une des salles qui en dépendent a cinquante pieds sur trente ; une autre se termine par un dôme de quarante pieds d'élévation. Les murailles, sculptées, sont ornées de crosses, d'inscriptions éthiopiennes, et de peintures représentant le Christ, les Apôtres et Saint-George. Delà, il se rendit à Antalo, résidence actuelle de Ras Welleta Selasse, vice-roi de Tigré. Antalo contient mille maisons environ, ou plutôt, à l'exception de la demeure du roi, mille huttes de boue et de chaume; sa situation n'offre aucun agrément, mais sa proximité de la frontière, dans l'état de trouble où se trouve le royaume, l'a fait choisir comme le lieu le plus convenable au siége du gouvernement. M. Salt, présenté au Ras, vit un beau vieillard dont la physionomie annonçait l'intelligence et la vivacité. Le prince l'invita à un repas semblable en tout à celui du chef de Genater; mais, remarquant le dégoût du voyageur pour la chair crue, il lui fit servir des mets plus analogues à son goût, et, par une bienveillance spéciale, il les lui offrit de sa propre main, lui mettant les morceaux dans la bouche comme les enfans ont coutume de faire, dans nos contrées, lorsqu'ils font manger leurs pies.

Welleta Selasse, à l'époque du voyage de M. Bruce, avait vingt-quatre à vingt-cinq ans, et c'était déjà un personnage assez considérable à la cour; M. Bruce le cite au nombre de ses amis. Chargé d'abord de l'emploi important de protéger les caravanes de sel, il se brouilla avec le Ras Michael, et fut obligé de se réfugier dans les montagnes où il se maintint par la force des armes. Doué d'une rare intrépidité, il défia au combat singulier deux des généraux du Ras, renommés par leur force et leur bravoure; il les vainquit et les tua tous deux. Cet exploit, plus remarquable encore, à cause de sa taille mince et de son extérieur délicat, attira sur lui les regards de toute l'Abyssinie. A la mort du « vieux lion, » car c'est ainsi qu'on appelait le Ras Michael, il s'empara des provinces orientales de Taccazzé, dont une longue suite de victoires le rendit complètement maître. Depuis long-temps, les gouverneurs de Tigré jouissaient du droit de donner des rois à l'Abyssinie : Welleta Selasse s'occupa, sans délai, de choisir un successeur à Michael. Il lui fallait un homme qui ne fût dépourvu ni de talent ni de considération, et cependant entièrement soumis à ses volontés ; ce dernier point surtout était indispensable. Welleta, après plusieurs essais inutiles, jugea nécessaire de traiter avec Guxo, gouverneur de Begemder et son rival en fabrication de rois ; ils convinrent de mettre sur le trône une espèce de mannequin incapable d'interrompre ou de gêner leur autorité : mais cet arrangement ne put maintenir entre eux une longue harmonie, et, lors du dernier voyage de M. Salt en Abyssinie, ils se préparaient l'un et l'autre à la guerre. Tous les autres amis de M. Bruce n'existaient plus à cette époque.

D'Antalo, M. Salt fit une excursion à Axum, et, chemin faisant, visita la ville d'Adowa, capitale de Tigré, où se trouve une manufacture d'étoffes de coton grossières, qui fournit presque toute l'Abyssinie; ces étoffes circulent même comme monnaie. Tout le commerce, entre la mer et l'Abyssinie intérieure, a lieu par cette ville, et ses habitans passent pour plus doux et plus civilisés que ceux des autres cités de l'empire. Sa situation est charmante, et commande une vue magnifique jusqu'à l'immense chaîne des montagnes de Tigré.

De vastes et superbes ruines attestent encore la grandeur première d'Axum, cette capitale célèbre de l'antique Abyssinie. Le grand obélisque, demeuré entier, et haut de soixante pieds, surpasse, selon M. Salt, tout ce que l'architecture égyptienne, grecque ou romaine, a produit de plus parfait dans ce genre. Ce monument, d'un travail certainement grec, ne paraît pas être antérieur au règne des Ptolémées. Plusieurs autres obélisques, dont un plus grand que le précédent, gisent, brisés, sur la terre. L'église est moderne, mais supérieure à toutes celles de la province de Tigré, celle de Chelicut exceptée. M. Salt, par un examen attentif des inscriptions de l'église et de l'obélisque, obtint quelques renseignemens sur l'antique histoire de cette partie de l'Abyssinie.

Notre voyageur reprit la même route pour retourner à Antalo. Il y arriva tout à propos pour assister à la revue des troupes de Tigré qui revenaient d'une campagne contre les Gallas. Les chefs, à la tête de leurs compagnies, entrèrent successivement dans une immense enceinte circulaire. Les généraux portaient de riches vêtemens ornés d'or et d'argent; ceux des soldats consistaient en peaux d'animaux, généralement de mouton; une bandelette de cuir, roulée autour de leur tête, servait à contenir leur chevelure. Après avoir parcouru sept à huit fois le tour de l'enceinte, chaque troupe s'arrêta devant le roi, et, dans une attitude menaçante, déposa devant lui ces honteux et barbares trophées par le nombre desquels les Abyssiniens ont coutume de prouver la quantité d'ennemis qu'ils ont tués. Le moindre soldat jouit, à cet égard, du même droit que le général lui-même. Leurs cavaliers sont d'une adresse extraordinaire, et ne cèdent en rien aux Arabes : quinze cents d'entre eux avaient des armes à feu ; le reste était armé de lances seulement.

Selon l'usage, un grand festin suivit cette revue. Nous citerons la description de M. Salt, parce qu'elle contient de nouveaux détails. On couvrit d'abord les tables de galettes de tif, destinées à servir en même temps de mets et d'assiettes ; on plaça près du Ras une grande quantité de pains de froment pour son usage et celui de ses favoris : en baisant le sien, le prince donna le signal de commencer le repas ; aussitôt les femmes esclaves posèrent les galettes de tif sur des plats de cuir rangés au milieu de la table, et les servirent aux personnes que le Ras n'ordonnait pas de fournir de sa table particulière ; vinrent ensuite les boulettes, composées de tif, de légumes divers et de lait caillé. Pendant ce temps, on préparait, dans une cour voisine, le mets qui devait couronner le festin ; c'était un bœuf, l'animal abbattu, on lui trancha la tête en prononçant une invocation ; en un clin-d'œil la peau fut enlevée, de larges pièces de chair furent découpées et portées, dégoûtantes de sang et palpitantes encore, dans la salle du repas. Les chefs alors, avec leurs grands couteaux courbes, les coupèrent d'abord en tranches, puis en longs filets d'un pouce environ de diamètre, les frottèrent ensuite de tif, et se les mirent réciproquement dans la bouche. Les grands occupaient le haut bout de la table; après eux venaient les autres convives, chacun selon sa dignité. Un chef ne trouvait-il pas le morceau à son goût, il le passait à son inférieur, celui-ci souvent à un autre, et ainsi, de main en main, jusqu'à ce que le morceau parvînt à quelqu'un que son rang obligeait de s'en contenter. La fin du repas fut marquée, comme à l'ordinaire, par un grand bruit.

M. Salt, à son second voyage, chargé d'une mission auprès du roi d'Abyssinie, réserva pour lui les plus beaux présens. Il allait partir pour Gondar; mais le Ras, instruit de cette circonstance, s'opposa d'abord à son départ, et finit par le défendre positivement, déclarant qu'il était prêt à recevoir les présens au nom de son souverain. Cet arrangement s'accordait mal avec le désir et les instructions de M. Salt; mais sa position ne lui permettait pas de résister. Il remit donc les présens entre les mains du Ras, et revint à Massuah.

CHAPITRE VI.

Résumé sur l'Afrique des anciens, et données sur quelques cartes modernes.

QUAND et comment l'ancien monde a-t-il été partagé en divers continens? On ne saurait le dire d'une manière positive. Cependant il reste, sur cet objet, des notes précieuses d'Eratosthènes (1). Les îles Cyclades, point de départ des connaissances géographiques des Grecs, formèrent probablement la ligne de séparation

---

(1) Strabo (*Xilandri*); 11, 45. Strabon s'efforce, il est vrai, de les réfuter; mais, suivant moi, il montre seulement le désir de contredire son prédécesseur, et s'appuie sur de faibles argumens. L'application de ces principes à l'Afrique m'appartient; mais je l'ai trouvée toute naturelle, d'après l'usage général et particulier de donner indifféremment à cette contrée les noms de Libye ou d'Afrique, comme je le remarque dans le texte.

qui fut d'abord adoptée pour déterminer une limite entre les rivages opposés de la Grèce et de la Carie. Il paraît, d'après Homère, que la dernière renfermait une petite province nommée Asie qui, par suite de sa position particulière, donna son nom à un tiers de la terre habitable. En effet, le nom d'Asie s'étendit avec les découvertes, et devint celui de toute la péninsule dont la Carie formait l'extrémité occidentale ; il prit graduellement une plus grande extension, et cette péninsule continua de s'appeler Asie propre ou Asie mineure, nom qu'elle a retenu jusqu'à nos jours. De la même manière, la côte de Libye forma naturellement un troisième continent que les Grecs dénommèrent Afrique ou région du midi par rapport à sa position relativement à la Grèce ; de même aussi, on trouve, sur cette côte, un canton qui, jusqu'au douzième siècle, fut appelé Afrique propre, quelquefois Afrique mineure ; ajoutons à cette considération que le nom de Libye, désignation primitive de cette contrée, est généralement donné à tout le continent par les anciens auteurs. De ces trois positions, les recherches s'étendirent dans toutes les directions, et chaque canton nouvellement découvert devint, au fur et à mesure, partie intégrante du canton premier lieu de départ du voyageur. A la fin, les aventuriers se rencontrèrent, et leur point de rencontre devint la limite de deux continens. Les voyageurs, partis les uns d'Europe les autres d'Asie, paraissent s'être ainsi rencontrés sur les rives du Phase, fleuve qui, du temps d'Hérodote, était supposé partager ces deux parties du globe. En Afrique, le désert qui sépare l'Egypte de la Libye opposa une barrière aux découvertes, tandis que la Syrie et l'Egypte furent promptement traversées et reconnues; aussi l'Egypte, découverte par des voyageurs asiatiques, fut-elle, à défaut d'indications naturelles suffisantes, considérée long-temps comme appartenant à l'Asie. Du temps même de Strabon, le Nil était généralement regardé comme la séparation de l'Afrique et de l'Asie, et c'est à l'époque de Ptolémée seulement que la Mer-Rouge et l'isthme de Suez furent définitivement assignés pour limites à ces deux continens.

Dans le même temps, les découvertes se poursuivaient avec une extraordinaire activité le long des côtes occidentales de l'Afrique. Là, s'offraient aux regards des objets faits pour agir puissamment sur l'imagination vive et poétique des anciens. Elle s'exalta surtout à la vue de ces Oasis, de ces îles de verdure qui élevaient leurs fronts, toujours ombragés, au milieu des sables brûlans du désert, et créa ce jardin des Hespérides, ces îles Fortunées, ces champs Elyséens, fictions ingénieuses, peintures animées du plus brillant coloris, qui forment la plus séduisante partie de la mythologie ancienne. La situation exacte de ces lieux célèbres est encore douteuse, malgré les recherches entreprises avec ardeur à cet égard. La principale difficulté est que les descriptions diverses peuvent être appliquées avec une égale précision, à plusieurs endroits différens; toutefois, il semble clairement démontré par quelques savans écrits (1), que cette différence de position doit être attribuée, non à des don-

---

(1) Gosselin, *Géographie ancienne*. — Malte-Brun, *Histoire de la Géographie*.

nées géographiques exactes, mais à certains penchans secrets profondément enracinés dans le cœur humain. En effet, l'homme se livre sans cesse à d'involontaires désirs, à de vagues espérances, et, soupirant après une félicité inconnue, il se crée de douces chimères qu'il poursuit sans pouvoir jamais les trouver dans le cercle de son existence réelle, mais qu'il place naturellement au-delà des confins mystérieux du monde connu. Les premières découvertes, en révélant l'existence d'une foule de choses ignorées, exaltèrent à un point extrême l'imagination et les passions; dans cette situation, chaque objet se montra revêtu de couleurs plus brillantes que celles de la nature, et l'illusion ne cessa point lors même qu'un examen plus attentif en démontra l'évidence. Le cœur humain n'abandonne point sa chimère favorite tant qu'il lui reste un espoir de la réaliser; il la transporte de contrées en contrées à mesure qu'elle lui échappe, et se figure qu'il en existe une plus éloignée dans laquelle enfin il pourra l'atteindre. Aussi nous voyons ces lieux enchantés reculer successivement devant le progrès des découvertes, mais conserver, malgré ces mêmes progrès, une existence imaginaire dans quelque région lointaine et non encore explorée.

Il paraît que les jardins des Hespérides ont d'abord été placés à l'extrémité occidentale de la Libye, terme des découvertes des anciens, vers ce côté. Le fréquent spectacle d'une végétation admirable, isolée au milieu du désert, dut faire une vive impression sur l'ame ardente des Grecs, et leur donner l'idée d'un véritable paradis terrestre sous la forme d'îles créées par une imagination fantastique. Offerts trop souvent aux regards, ces beaux lieux perdirent tour-à-tour leur beauté fabuleuse sans que la douce chimère dont ils étaient l'ouvrage perdît rien de son charme. Un lieu succédait à l'autre, et chaque voyageur, à mesure qu'il découvrait une nouvelle portion de cette côte fertile, se persuadait qu'il était parvenu aux îles du bonheur, objet si long-temps désiré de ses recherches. Après avoir parcouru vainement le continent, ils tournèrent toutes leurs espérances vers l'Océan, et cela s'explique aisément par les idées d'îles, enracinées dans leur esprit. Les Canaries, qu'ils n'ont jamais dépassées, jamais parfaitement connues, conservèrent toujours le nom d'îles Fortunées, à cause, non de la fertilité du sol et de la beauté du climat, mais à raison de leur éloignement et de l'ignorance qui ouvraient une vaste carrière à l'imagination. Horace en fait la plus séduisante peinture et les représente comme un asile offert aux mortels contre les malheurs et les peines qui les poursuivent dans toutes les autres parties du monde.

C'est avec la seule aide de ces traces incertaines et fugitives, qu'on suit les pas des anciens le long des côtes septentrionales de l'Afrique. A l'époque la plus rapprochée de l'histoire authentique, toute la partie de cette côte connue par les peuples septentrionaux de l'Europe forma, pour ainsi dire, corps avec eux, et les noms d'Egypte, de Libye, de Carthage reparaissent, dans les ouvrages classiques, aussi fréquemment que ceux de la Grèce et de Rome ; tandis qu'au midi, un espace immense de terre et de mer demeura inexploré. La vaste étendue de cette région inconnue, l'aspect singulier que présentaient le sol, les productions et la population, l'impossibilité d'assigner sa forme et ses limites, tout concourut à fixer d'une manière particulière l'attention des anciens. Si l'on excepte les expéditions de Néarque et de Pythéas, toutes les tentatives de découvertes dont la mémoire est venue jusqu'à nous, ont eu l'Afrique pour objet. Leur principal but fut d'abord de visiter les deux côtes inconnues de cette contrée, à partir, vers l'occident, de l'extrémité de la Méditerranée; vers l'orient, de la Mer-Rouge; et surtout de déterminer le point où ces deux côtes finissaient en se joignant; ensuite de pénétrer dans le centre de cette contrée mystérieuse qui, gardée par la nature, formait une barrière effrayante et impénétrable autour des beaux et fertiles rivages baignés par la Méditerranée. Toutefois ce sont les Arabes qui, les premiers, ont véritablement parcouru, dans le cours de leurs conquêtes, les régions centrales de l'Afrique, et nous en ont même laissé un aperçu général.

Pendant que les sciences florissaient en

Arabie, l'Europe languissait plongée dans les ténèbres de l'ignorance. Loin de connaître ou d'étudier la géographie des parties reculées du monde, à peine les Européens possédaient-ils quelques notions sur leurs plus proches voisins : vers la fin du quinzième siècle, cependant, une suite non interrompue d'expéditions importantes, entreprises sous la protection des monarques portugais, assurèrent bientôt à l'Europe la prééminence sur les autres contrées du globe. Les Portugais, en dirigeant leurs recherches et leurs efforts vers l'Inde, ne négligèrent pas d'explorer une grande portion de l'Afrique, d'y fonder des colonies ; et, durant les 16e. et 17e. siècles, presque toutes les cartes de ce continent furent construites avec des matériaux fournis par eux. Ils pénétrèrent dans l'intérieur, des deux côtés opposés; par le Congo dans l'ouest, par l'Abyssinie dans l'est, et, tombant dans la commune erreur de l'exagération, ils prolongèrent l'étendue de ces deux contrées, de sorte qu'elles occupèrent presque tout l'intérieur du continent, et leur dérobèrent la vue de cet immense espace, demeuré inconnu jusqu'à nos jours. Nous allons donner un aperçu des diverses manières dont l'Afrique a été tracée par tous les géographes depuis Ortelius jusqu'à Sanson, et depuis ce dernier jusqu'à Delisle et Danville (1).

La carte de *Sanson*, publiée en 1669, n'ajoute rien aux notions précédentes; l'exagération dans l'évaluation de distances incertaines, l'annihilation des intervalles inconnus compris entre des points très-éloignés, se réunirent pour occasionner des erreurs considérables. Dans cett ecarte, l'Abyssinie, prolongée sans mesure ni raison, va joindre la frontière méridionale du Congo et du Monomotapa; vers cette extrémité, l'auteur indique le grand lac Zaïre ou Zembre qui donnait naissance, suivant l'opinion répandue alors, non-seulement au Nil, mais au Congo, et même, selon quelque auteur, au Cuama ou Zambesée. Les provinces abyssiniennes de Gojam, Damut, Bagamidri, (Begemder) et des Cafates (Efat) rangées autour de ce lac, semblent prouver qu'il s'agit de

---

(1) Voir les cartes d'Ortelius dans Drapper et Purchass, et toutes les cartes de Sanson.

celui de Demba ; le nom de *Zaïre* dérive évidemment de l'un des noms du fleuve *Congo*, et *Zembre*, qui n'a point d'origine authentique, paraît formé, par contraction, des deux mots *Zaïre* et *Demba* qui n'ont aucune analogie. L'exagération domina toujours dans les premières descriptions des contrées nouvellement découvertes : mais il n'y a pas d'exemple d'un pareil excès. De Massuah jusqu'à l'extrémité méridionale du lac Demba, on compte actuellement quatre cents milles ; dans la carte de Sanson, cette distance est de deux mille : comment expliquer une si énorme erreur au sujet d'un pays traversé en tout sens, par un si grand nombre de missionnaires? Il faut absolument supposer que les missionnaires ont ajouté, bout à bout et en droite ligne, toutes les distances qu'ils ont franchies, tout à la fois par ignorance et par le désir naturel de donner une idée plus grande de leurs travaux. Ils firent sortir le Nil de la rive septentrionale du lac, et changèrent en une ligne droite du sud au nord, la courbe qu'il décrit dans la province de Gojam ; l'Abyssinie, ainsi prolongée, devint si voisine du Congo, qu'il ne fut plus possible d'exagérer l'étendue du fleuve de ce nom, modération rare alors et qu'il faut attribuer seulement à l'impuissance où se trouvèrent réduits les géographes par les dimensions énormes qu'ils avaient données à l'Abyssinie. C'est ainsi que le cours du fleuve Congo se trouva, par la fausse indication de sa source, disproportionné avec les pompeuses descriptions de sa grandeur.

Pendant la première moitié du dix-huitième siècle, la géographie fit d'immenses progrès. L'Europe, à cet égard, doit beaucoup à la France et à la généreuse protection que son gouvernement accorda aux savans qui cultivèrent cette science. En comparant à ce qui existait auparavant, les cartes de Delisle et Danville, on conçoit combien il a fallu qu'ils obtinssent d'excellens matériaux, soit du gouvernement, soit des particuliers. Sous leurs mains, la géographie de l'Afrique, surtout, prend entièrement un nouvel aspect.

Delisle, commençant ses travaux avec le siècle, publia en 1700, sa carte du monde, dressée d'après les observations des membres de l'Académie des Sciences.

Déjà cette carte réforme un grand nombre d'erreurs commises dans le tracé intérieur de l'Afrique. La frontière de l'Abyssinie fut reculée de dix degrés vers le nord, et cet immense retranchement lui assigna sa véritable position. La source du Bahr-el-Azrek, et les détails de son cours furent indiqués avec une grande précision.

Cependant Delisle représenta ce fleuve comme le Nil, et, confondant le Bahr-el-Abiad avec le Maleg, en fit une rivière d'un ordre inférieur ; toutes ses cartes contiennent la même indication.

Mais, pendant que Delisle fait une si importante correction, il conserve cette horreur du vide, manie ordinaire des géographes ; il ne peut se résoudre à confesser son ignorance à l'égard de l'espace qu'il vient de retrancher de l'Abyssinie ; il le remplit en prolongeant à l'est la frontière du Congo ; il fait couler, de l'est à l'ouest, cette large branche du Zaïre qui coule du sud au nord et qui, par ce changement, traverse plus de la moitié du continent africain.

Delisle, en réformant d'un côté, se trompa de l'autre. Ce fut *Danville* qui, le premier, « porta la hache aux racines de l'arbre. » Dans sa carte publiée en 1731, jointe à l'Ethiopie occidentale de Labat, il montra franchement cette vaste étendue de terre inconnue, *terra incognita*, qui occupe tout l'intérieur de cette partie de l'Afrique. L'estime que le public témoigna pour la candeur de Danville, et la correction qui résulta de la nouvelle démarcation, guérit les géographes de la crainte de laisser vides les espaces que la science ne permettait pas de remplir avec certitude. Danville fit aussi d'importantes additions au travail de son prédécesseur sur l'Abyssinie ; à force de recherches, il parvint à prouver que le fleuve regardé comme le Nil par les modernes géographes, n'était pas le Nil des anciens, mais seulement le tributaire d'un plus grand fleuve qui seul avait été et devait être considéré comme le Nil d'Egypte. Les observations postérieures ont pleinement confirmé cette découverte.

Ces deux géographes opérèrent une réforme non moins importante dans la topographie de l'Afrique occidentale.

Depuis cette époque, de sages principes,

une saine critique présidèrent aux travaux géographiques. Resta le mal inévitable d'une connaissance imparfaite; mais on ne se fit plus, au moins, de l'erreur un système; l'on ne chercha plus à suppléer, par des hypothèses dangereuses, les choses qu'on ignore, et l'Afrique ouvrit une vaste carrière aux découvertes. Enfin, le major *Rennell* montra dans le choix et l'emploi des matériaux recueillis, une sagacité, une précision qui le placent au niveau de ses plus illustres prédécesseurs. Ses cartes d'Afrique, base de la géographie actuelle de ce continent, acquièrent une valeur double par la manière instructive et étendue avec laquelle l'auteur développe les principes qui en ont dirigé la construction.

CHAPITRE VII.

Précis sur les Iles.

Açores. — Madère. — Canaries. — Iles du Cap-Vert. — Sainte-Hélène. — Mascareignes. — Madagascar. — Comores. — Amirantes et Seychelles. — Socotra.

Il n'entrait pas, sans doute, dans le plan de l'auteur de cet ouvrage de tracer l'histoire des diverses îles qui, par leur position, se rattachent au système géographique de l'Afrique. Nous avons observé du moins qu'il s'est occupé seulement du continent. Nous n'entreprendrons pas, nous-mêmes, cette tâche dont l'exécution nous entraînerait trop loin; on peut d'ailleurs consulter, pour les détails, la géographie de M. Malte-Brun qui ne laisse rien à désirer sur la physique, l'histoire et la géographie de ces îles. Nous nous contenterons d'en donner ici une nomenclature très-succincte, pour compléter le tableau général de l'Afrique.

Nous commencerons par celles de ces îles qui sont le plus rapprochées de l'Europe.

A l'ouest du Portugal et presqu'en face du Cap Saint-Vincent, à peu près entre les 37° et 39° latitude nord, et les 27° et 33° longitude ouest de Paris, gisent les îles *Açores* ou *Terceires*, au nombre de neuf, distribuées en trois groupes ; celui du sud, plus rapproché de la route des vaisseaux partant d'Europe, composé des îles *Sainte-Marie* et *Saint-Michel* ; celui du milieu composé des îles *Terceire*, *Saint-George*, *Gracieuse*, *Fayal* et *Pico* ; celui du nord, composé des îles *Florès* et *Corvo*.

Le climat en est agréable, sain et plus doux que celui des contrées d'Europe situées sous la même latitude. La population de ces îles s'élève à plus de cent cinquante mille âmes. On y récolte du lin, du froment, du millet, du maïs, de l'orge, des légumes, du miel, des olives, des oranges, des citrons et une grande quantité de vin qu'on fait passer fréquemment pour du vin de Madère. L'intérieur des îles offre une grande variété d'arbres, parmi lesquels on remarque le bananier et le cédrier. La mer abonde en poissons délicats et en tortues de la petite espèce.

Ces îles, de nature volcanique, n'ont à redouter d'autre fléau que les tremblemens de terre. Leurs côtes, généralement hautes et escarpées, manquent d'un port spacieux et sûr : cet inconvénient ne permettra jamais au commerce des Açores d'acquérir l'importance dont il serait susceptible.

Entre les 32° et 33° de latitude nord, les 18° et 19° longitude ouest, se trouve l'île de *Madère* qui, avec *Porto-Santo* et et quelques îlots déserts, forme un groupe particulier.

Madère est célèbre par ses vins qui sont un important objet de commerce : cinq cents pipes de malvoisie, vingt-cinq mille pipes de madère sec composent sa récolte ; on en exporte environ quinze mille. Cette île produit aussi du froment et de l'orge de bonne qualité, mais en quantité insuffisante pour sa consommation. Il y règne un printemps perpétuel. Sa population, composée de Portugais, de Nègres et de Mulâtres, est de quatre-vingt-dix mille âmes environ. *Porto-Santo* renferme à peu près douze cents habitans.

Environ à quatre-vingts lieues marines de Madère, après avoir dépassé le groupe de rochers appelés *Salvages*, situés par les 30° 8′ 30″ latitude nord et les 18° 15′ longitude ouest de Paris, on trouve l'archipel des *Canaries*, célèbre par la douce température de ses îles, la salubrité de leur climat, la fertilité de leur sol et la variété de leurs riches productions.

Ténériffe, la plus grande et la plus peuplée de ces îles, renferme un pic volcanique dont la hauteur, déterminée depuis peu, est de dix-neuf cent quatre toises.

Le tableau suivant fera connaître en peu de lignes les points les plus importans de la statistique des îles Canaries :

Lat. nord.	Longitude ouest de Paris.	Noms des îles.	Surface en lieues carrées.	Population en 1807.	Prod. de from. et d'orge en fanegas, 100 l.
ɔ 17′ »	19° » »	Ténériffe. Le pic..	73	81,000	89,556
8 4′ »	16° 51′ 30″	Fortaventure. Port-Gaudia..	63	12,000	150,000
° 45′ »	17° 58′ 30″	Canarie. Pointe-sud......	60	58,000	70,653
8 42′ 30″	20° 7′ »	Palma...................	27	25,000	44,350
8 58′ 30″	15° 53′ »	Lancerote, port de Naos...	26	13,000	155,461
8 5′ 40″	19° 28′ »	Gomère. Le port..........	14	8,200	13,770
° 45′ »	20° » »	Fer. Vers le milieu........	7	5,700	7,000
			270	202,900	530,790

Au sud des Canaries du 15° au 18° de latitude nord, s'étend l'archipel des *îles du Cap-Vert*, au nombre de dix, sans compter les îlots et rochers. Les îles sont *San-Jago, Mayo, Fuego, Brava* ou *Saint-Jean, Boa-Vista, Do Sal* (du sel), *Saint-Nicolas, Santa-Lucia, San-Vincente, San-Antonio*.

Ces îles sont loin d'égaler les Canaries pour la fertilité du sol et la salubrité du climat; cependant elles produisent du coton, du sel, de l'indigo, des peaux de chèvres et des huiles de tortues, qui pourraient former une branche importante de commerce, avec une meilleure administration. La population réunie de ces îles s'élève à quarante-cinq mille âmes environ.

L'île de *Saint-Matthieu,* indiquée sur les cartes au 2° latitude sud, et au 13° à peu près, longitude ouest de Paris, n'a été vue par aucun navigateur moderne. Il y a lieu de croire que c'est l'île d'Anno-Bon, placée par erreur sous une autre longitude.

Plus au sud, à 7° 55′ 30″ latitude sud, 16° 35′ 50″ longitude ouest de Paris selon un grand nombre d'observations chronomatiques, s'élève l'île ou plutôt le rocher de l'*Ascension*, dépourvu d'eau (1), mais qui attire les navigateurs par la prodigieuse quantité de tortues qui fréquentent ses rivages.

Huit degrés plus au sud encore, c'est-à-dire à 15° 55′ latit. sud, 0° 56′ 30″ long. ouest de Paris, on rencontre l'île *Sainte-Hélène* entourée de rivages escarpés qui en rendent l'accès impossible, sinon sur deux ou trois points défendus par des ouvrages

---

(1) On vient d'y découvrir une source.

inexpugnable. Cette île a neuf lieues de tour environ ; sa population ne dépasse pas deux mille âmes, dont cinq cents Blancs et quinze cents Nègres. Dans ce nombre, la garnison n'est pas comprise. Sainte-Hélène est devenue célèbre par la destination que lui ont assignée les souverains de l'Europe en 1815.

Dans le golfe de Guinée, en se rapprochant de la côte, on trouve les îles de *Fernando-Po* ou mieux, *Fernao-do-Po*, d'*Anno bon* ou *Bonanno* : *l'île du Prince* (*Ilha do principe*), *Saint-Thomé*, entre les 6° et 7° long. est de Paris, les 1° et 4° latit. nord. Ces îles, dont les deux premières appartiennent à l'Espagne et les deux autres aux Portugais, produisent du maïs, des cannes à sucre, du millet, du manioc, des patates, des ignames, des oranges, des citrons, etc. Le bétail et la volaille y multiplient prodigieusement : la cassave y sert de pain. On a découvert récemment le canelier à Saint-Thomé. La population de ces quatre îles, composée, aux sept huitièmes, de nègres et de mulâtres, s'élève tout au plus à vingt mille âmes.

Dans l'Océan Austral, depuis le 37° latit. sud jusqu'au 62° environ, on rencontre diverses îles, dont les mieux connues sont les îles de *Tristan d'Acunha*, au nombre de trois, où l'américain Jonathan Lambert forma, le 4 février 1811 un établissement de relâche pour les navigateurs de l'Inde. Les autres, le plus souvent cachées dans les vapeurs d'une mer brumeuse, mais dont les positions ont été cependant reconnues, sont les îles d'*Amsterdam*, de *Saint-Paul*, du *prince Edouard*, *Marion*, *Gough*, *Bouvet ou cap de la Circoncision*, *la terre de Kerguelen*, *cap Bligh cap Louis* et *Nouveau Shetland*.

A l'est du continent africain s'offrent aux navigateurs les *Mascareignes*, comprenant les îles de France, de Bourbon, Rodriguèz et Cardagos ou Garajos.

L'*Ile de France*, située par 20°. 9'. 29" latit. sud, et 55° 9' 15" long. est de Paris, pourvue d'excellens ports, longue de onze lieues, large de huit, et dont la possession était si importante pour la France, est tombée au pouvoir des Anglais depuis quelques années. Les récifs en rendent les approches dangereuses. Cette île donne chaque année deux récoltes de froment et de blé d'Inde, insuffisantes cependant pour sa consommation. Elle produit d'excellent café, du girofle, du coton, de l'indigo, etc. Sa population, en 1806, était de soixante-quatorze mille six cent dix-huit âmes, dont quatorze mille individus libres.

L'*île Bourbon*, située à 20° 50′ 30″ latit. sud, et 53° 7′ 30″ long. est de Paris, plus grande et plus fertile que l'Ile de France, mais moins précieuse parce qu'elle manque de port, est composée entièrement de montagnes volcaniques dont les éruptions ont cessé depuis long-temps. Elle produit une quantité considérable de très-bon café, de girofle, de la muscade, de la canelle, du coton et des blés, dont la septième partie suffit à sa consommation; le surplus alimentait l'île de France. On y cultive l'arbre à pain. Sa population, en 1811, s'élevait à quatre-vingt mille trois cent cinquante habitans, dont mille cinq cents blancs environ.

Rodriguez et Cardajos, îles extrêmement petites, viennent de recevoir quelques habitans.

Plus près du continent africain, entre le 12° et le 26° latit. sud, s'étend une des plus grandes îles du monde, *Madagascar*, dont le centre se trouve environ à 47° 50′ long. est de Paris. On doit à Marc-Paul la première notion certaine de cette île que les Portugais découvrirent en 1506. Ils lui donnèrent d'abord le nom de Saint-Laurent; les Français qui y vinrent ensuite, la nommèrent *île Dauphine*. Malgré sa position sous la zône Torride, elle jouit, grâce à son sol élevé et à la double chaîne de montagnes qui la traverse du nord au sud, d'une température agréable. De ces montagnes descendent un grand nombre de rivières dont plusieurs sont très-considérables. L'île a plusieurs baies et rades propres à former d'excellens ports. La nature de son sol, l'élévation progressive du terrein, les modifications de l'air qui la rendent propre à toute espèce de culture, tout se réunit pour faire un des points les plus importans, sous le rapport commercial, de Madagascar qui abonde en mouillages commodes, en vivres, en bois de construction, et dont le sol renferme de l'étaim, du plomb, du fer, du cuivre, de l'or même, et des bancs de sel gemme dans la partie occidentale. Les uns évaluent la population de Madagascar à un million et demi, les autres à quatre millions d'habitans composés de races arabes, juives, caffres, indigènes, et du mélange de ces diverses races.

Entre la pointe nord de Madagascar et le continent africain, se trouvent placées, sous un climat très-salubre, les *îles Commores* couvertes de cocotiers, de bananiers, d'orangers de citronniers, de goyaviers, de tamariniers; les patates, l'igname, l'indigo sauvage, les cannes à sucre y abondent. La grande Commore, Mohilla, Joanna, Mayotta, îles principales de cet archipel, sont comprises entre le 11° et le 12° 50′ latit. sud; leur population se compose de Nègres et d'Arabes, dont l'idiôme est un mélange de l'arabe et de la langue de Zanguebar.

A cent cinquante lieues environ, et au nord-est de l'extrémité septentrionale de Madagascar, entre les 4° et 6° latit. sud, 50° et 54° long. est de Paris, s'étend un archipel composé des îles connues sous le nom d'îles *Amirantes* et *Seychelles*. Les

Français avaient un établissement assez important à *Mahé*, la principale de ces îles, où ils cultivaient le muscadier et le giroflier avec le plus grand succès : les Anglais s'en sont fait céder la possession, ainsi que celle de l'Ile de France ; un excellent port rendait Mahé très-utile à la navigation. Cette double privation doit engager, plus que jamais, le Gouvernement français à s'occuper sérieusement de Madagascar, dont les productions variées et la position importante, offriront un ample dédommagement des frais d'établissement, et compenseront la perte des colonies que la France possédait sur la route de l'Inde.

Un grand nombre d'îles et d'îlots peu connus, et, la plupart inhabités, lient cet archipel à celui des îles Commores.

A l'est du cap Guardafui, entre les 11° et 12° latit. nord, sous le 51° long. est de Paris, on rencontre l'île *Socotra*, dont le sol stérile manque presque entièrement d'eau et de végétation. On y recueille cependant le meilleur aloës connu, une quantité considérable de dattes, d'ambre et de corail; ce dernier y est si commun, qu'on l'emploie à la construction des maisons.

Cette île qui, dès les temps anciens, servit de station aux négocians, reste négligée par les Européens depuis le seizième siècle : elle serait cependant d'une grande utilité à quiconque voudrait ouvrir des relations commerciales avec l'Arabie, l'Abyssinie et les côtes orientales d'Afrique qui avoisinent cette contrée.

Socotra, sous la domination de l'Iman de Mascate, renferme une population composée d'Arabes mahométans, d'indigènes qui vivent isolés dans les montagnes, et dont une partie, entièrement sauvage, habite au sein des forêts, sans maisons et sans vêtemens.

Il est quelques îles dont nous n'avons pas donné les noms, soit parce qu'elles se trouvent comprises dans des archipels suffisamment désignés, soit parce que leur existence est encore incertaine, soit enfin parce que, se trouvant placées tout près de la côte et à l'embouchure des fleuves, il en a été question dans le cours de l'ouvrage.

CHAPITRE VIII.

Aperçu de l'Histoire naturelle de l'Afrique (1).

Minéralogie. — Géologie. — Roches primitives. — Roches de transition ou intermédiaires. — Roches secondaires. — Alluvions. — Minéraux trouvés en Afrique. — Zoologie. — Mammifères. — Oiseaux. — Reptiles. — Insectes. — Zoophytes.

Minéralogie.

Les minéraux et les roches de l'Afrique, rarement et imparfaitement observés jusqu'ici, sont mal connus; et les faits que nous allons exposer, puisés dans les rela-

---

(1) Nous devons ce chapitre à l'amitié de M. Jameson, professeur d'histoire naturelle à l'université d'Edimbourg, bien connu dans le monde savant par ses excellens ouvrages de géologie et de minéralogie.

tions des voyageurs, paraîtront peu satisfaisans dans l'état actuel de la science.

Il est à regretter que les hommes entreprenans qui ont pénétré dans l'intérieur de ce grand continent, se soient occupés si peu de l'histoire naturelle, et, particulièrement, de la minéralogie. On sent tellement l'importance de cette science, on la cultive, actuellement, avec tant d'ardeur et de succès, qu'un voyageur n'obtiendra, désormais, la confiance du public, et ne paraîtra doué des talens nécessaires, s'il ne possède pas une connaissance parfaite de la minéralogie.

Les plaines et les plateaux nombreux, indiqués par la succession des cascades qui coupent le cours des grands fleuves, les vastes et singulières chaînes de montagnes distribuées sur le sol de l'Afrique, sont intimement liés à la formation première de ce continent, et aux diverses révolutions qu'il a éprouvées. Les grands traits de cette partie du globe ne doivent pas être considérés comme des arrangemens partiels et indépendans : on peut démontrer, au contraire, qu'ils ont, entr'eux des rapports mutuels et déterminés, et que, de leur ensemble, résulte la physionomie particulière et caractéristique de l'Afrique.

Géologie de l'Afrique

On n'a pas fait, jusqu'à présent, d'observations suivies et étendues sur la direction générale et l'épaisseur des diverses couches qui composent le sol africain ; et l'on connaît très-imparfaitement la position des diverses *formations* de roches de cette contrée. On peut discerner, dans les récits des voyageurs, la description d'espèces appartenant aux quatre grandes classes de terrains, les primitives, les intermédiaires, les secondaires et les alluvions. Quelques relations feraient croire aussi à l'existence de roches volcaniques dans cette région du globe. Parmi ces roches, les alluviales couvrent une immense portion de ce continent, et les volcaniques une petite étendue comparativement. Les terreins primitifs et ceux de transition occupent le haut et la partie moyenne de la plupart des grandes chaînes de montagnes, tandis que les terrains secondaires n'atteignent pas généralement le même niveau. On rencontre en grande quantité des pétrifications ou des débris de corps organisés dans quelques-uns des terrains les plus nouveaux ; parmi les fossiles, les pétrifications végétales se trouvent généralement dans des lits de schiste ou de grès, et les pétrifications animales dans des couches calcaires.

ROCHES PRIMITIVES.

Granite.

Cette roche composée de feld-spath, de quartz et de mica, se trouve dans la Haute-Egypte près de Cosseir, à Tétuan, dans le pays de Darfour et dans les grandes chaînes de montagnes où le Sénégal prend sa source. Le Khamkiesberg, au nord du cap de Bonne-Espérance, est formé de granite disposé en masses arrondies, souvent d'une grosseur énorme. Cette roche est traversée par des veines remplies tantôt de quartz, tantôt de ce beau minéral nommé prehnite, ou de quelques minerais métalliques reposant sur du gneiss, ou enfin d'autres espèces de minéraux mélangés. Barrow décrit une montagne située au nord de la péninsule du cap de Bonne-Espérance, nommée *Pearlberg* (montagne de la Perle), remarquable par la singularité de sa forme ; elle tire son nom d'une chaîne de grosses roches qui couronnent son sommet, et ont quelque analogie avec les perles d'un collier ; deux de ces roches, placées près du centre et dans la partie la plus élevée, ont reçu les noms du *Diamant* et de la *Perle*. On dit que ces aspérités sont composées d'un granite à gros grains, tandis que le reste de la montagne est formé de grès. La Perle, élevée de quatre cents pieds environ au-dessus du sommet de la montagne, repose sur une base d'un mille de circonférence ; le Diamant est plus considérable encore. Les montagnes centrales de la péninsule du cap de Bonne-Espérance, plus élevées vers le nord et s'abaissant graduellement vers le sud, se composent de granite. On observe, en beaucoup d'endroits, ce granite recouvert de schiste dans lequel il pénètre par veines. Des grès en couches horizontales recouvrent la partie la plus élevée de la péninsule. Le professeur Playfair pense que l'infiltration du granite, par veines, à travers les masses de schiste qui l'environnent, prouve que ces dernières, quoique placées au-dessus, sont d'une formation plus ancienne que le granite, minéral qui, selon lui, s'est fait jour à travers ses enveloppes supérieures, et n'est pas une des espèces dont les élémens ont été déposés par la mer sous aucune forme, soit mécanique soit chimique. Cette explication, une fois admise, forcerait à soutenir l'origine ignée des grès, des calcaires, des schistes et de beaucoup d'autres roches, dont la formation, dans tous les systèmes, est attribuée à la mer, parce que ces roches présentent des phénomènes absolument pareils à ceux que nous venons d'exposer relativement à l'aggrégation du granite et du schiste.

Gneiss.

Cette roche qui est composée de feldspath, de quartz, de mica, et dont la structure est schisteuse, se trouve dans la Haute-Égypte, et probablement dans quelques-uns des autres cantons graniteux mentionnés précédemment.

Micaschiste ou *Schiste micacé* (1).

Aucun des voyageurs qui ont exploré l'Afrique, ne parle de cette roche.

Schiste argileux ou *Phyllade.*

Cette roche bien connue abonde dans certains cantons de la Haute-Egypte, où elle se montre traversée d'épaisses veines de jaspe ; on la trouve aussi au Cap de Bonne-Espérance, et dans les chaînes de montagnes situées au nord de la péninsule du Cap, où elle forme la base sur laquelle reposent les grès.

Porphyre.

Roche ordinairement rouge, se trouve dans la Haute-Egypte, mêlée avec la syénite, la serpentine, le calcaire et le schiste. Bruce dit qu'elle forme les montagnes d'Abyssinie.

Syénite.

L'amphibole ou hornblende, ingrédient

---

(1) La nomenclature française, adoptée pour les roches, est celle proposée par M. Brogniart dans le 199.e numéro du Journal des Mines. (*Note du Trad.*)

essentiel de cette roche, la distingue du granite. On la rencontre avec le porphyre, le granite et d'autres roches, dans la Haute-Egypte et dans l'Abyssinie.

Diabase ou *Grünstein*,

Composé de hornblende et de feld-spath, se montre par lits, dans la Haute-Egypte. Quelquefois porphyrique et, souvent dans ce cas, sa base colorée d'une teinte verte uniforme, renferme des cristaux de feld-spath d'un vert plus pâle : il forme alors la belle roche connue sous le nom de *porphyre vert*. Les artistes lui donnent celui de *porphyre vert-antique*, ce qui la fait souvent confondre avec le *vert-antique* qui est un mélange de serpentine et de marbre, et, par conséquent, très-différens du porphyre.

Serpentine.

Il existe, dans les montagnes occidentales du Nil, des lits de cette roche verte accompagnés de lits de calcaire, de schiste, et aussi de feld-spath compact dans les montagnes qui bordent le rivage occidental de la Mer-Rouge. C'est par erreur que certains auteurs ont décrit la serpentine comme un marbre coloré.

Marbre, ou *Pierre Calcaire grenue-lamelleuse.*

Cette roche, tantôt blanche, grise, jaune, rouge, bleuâtre, se trouve par bancs, avec l'ardoise et la serpentine dans la Haute-Egypte, le Darfour et l'Abyssinie. Quelquefois mélangée avec la serpentine, elle forme le marbre connu sous le nom de *vert-antique*.

Psammite, *Grauwacke* ou *Breccia di verde.*

Cette roche aggrégée, qui paraît de transition, forme des couches d'une grande épaisseur et d'une vaste étendue dans les chaînes de montagnes voisines de Cosseir. On a remarqué qu'en approchant de Cosseir, trois couches de roches se succèdent : la première mince, grenue et granitoïde, la seconde de psammite (*breccia di verde*), la troisième de schiste qui alterne avec et pénètre dans la précédente.

Calcaire de transition.

Les roches les plus abondantes dans

cette partie de l'Atlas qui traverse les états de Tunis, d'Alger, de Maroc, se composent, suivant le rapport des voyageurs, d'une pierre calcaire qui présente les caractères du calcaire de transition. Nuancée de diverses couleurs, elle est, en quelques endroits exploitée comme un marbre. Le numidique jaune et les marbres bigarrés si estimés des anciens, étaient tirés de cette grande chaîne de montagnes.

Les voyageurs ont si imparfaitement décrit les caractères et les rapports géognostiques des espèces dont nous venons de donner la liste, que nous n'avons' pas osé, d'après leur description, déterminer combien de ces variétés appartiennent à la classe des terreins primitifs, combien à la classe des terreins de transition.

TERREINS SECONDAIRES.

Grès.

Ils abondent en Afrique, près de Cosseir, à Fez, à Tunis, dans la péninsule du Cap de Bonne-Espérance, et forment de grandes montagnes de dix mille pieds de hauteur; à Tétuan, on dit qu'ils reposent sur une base de granite, et, dans l'Afrique méridionale, sur une base granitique ou schisteuse. Ils passent quelquefois à l'état de roche de quartz grise et ne contiennent pas de débris de corps organisés. Il y a lieu de penser qu'un examen plus soigneux prouvera, que la plupart de ces grès appartiennent à l'espèce nommée roche de quartz, qui se trouve en bancs considérables dans les classes primitive et intermédiaire.

Calcaire à cassure esquilleuse ou conchoïde.

Sa couleur est grise ou bigarrée ; elle contient de nombreuses pétrifications de coquilles, de coraux et de poissons. Elle s'étend de Syène à la Méditerranée, et, dans la Basse-Egypte, d'Alexandrie à la Mer Rouge dans le voisinage de Suez. Elle s'étend aussi, de l'ouest du Nil, dans l'intérieur du Fezzan où elle forme des monts isolés et des chaînes de montagnes. Dans la région montagneuse du Fezzan, près Harutsch, la pierre calcaire qui domine encore est couverte et mélangée de roche de trapp. La pierre calcaire est ordinairement disposée en couches horizontales ; mais la présence du trapp rend cette disposition plus ou moins régulière. En s'avançant du Fezzan au nord vers Tripoli, la chaîne des monts Harutsch offre des rangées d'éminences basaltiques attenant avec des roches calcaires. Une pierre de la même nature se montre dans les montagnes voisines de Cosseir et quelquefois alliée avec du gypse ; on la trouve encore dans la basse région de l'Atlas près d'Alger, et non loin, dit-on, de Carthage ; celle de ces cantons contient des poissons pétrifiés.

Gypse.

Cette roche secondaire existe dans le voisinage de Cosseir, en relation de gisement avec la pierre calcaire et, probablement, avec le porphyre. On l'a trouvée aussi, dit-on, dans la vallée de *l'Egarement*, attenant à des roches de sel gemme.

Sel.

Ce minéral abonde dans l'Afrique septentrionale, des deux côtés de l'Atlas. Horneman, dans son voyage du Caire à Ummesogier, découvrit, au milieu de la chaîne calcaire qui borde, au nord, le désert de Libye, une plaine formée par une masse de roche saline si vaste que l'œil ne pouvait en embrasser l'étendue. Au sud-est de l'Abyssinie, il existe une plaine de sel qui en fournit à toute la contrée; il faut quatre jours pour la traverser. Dans la vallée de *l'Egarement*, on trouve des lits de sel reposant sur une roche gypseuse. A Tagazza et dans plusieurs autres cantons du Sahara, de larges lits de sel gemme pur se montrent sous les couches de diverses espèces de roches solides. On trouve aussi des lits de sel dans le pays de Darfour; on en tire une quantité considérable des lacs de Dombou, et de lacs semblables dans l'Afrique méridionale : on a remarqué que, dans cette dernière région, le sel se trouvait sous des couches de grès.

Combustibles fossiles.

Jusqu'à présent, à peine a-t-on trouvé trace de charbon en Afrique. M. Barrow est le seul voyageur qui en parle; il en vit au mont-Tigre, dans la région septentrionale du Cap de Bonne-Espérance; il le représente comme un charbon imparfait reposant sur l'argile, et couvert de la même matière et de grès blanc. Ce charbon, ligneux ou de la nature du bois bitumineux ou lignite (Braun - Kohle), contient des pyrites de fer.

Trapp.

Des roches de trapp, de nature basaltique, se montrent dans certaines parties de l'Atlas et à Sierra-Leone. Elles abondent dans les montagnes calcaires de Harutsch dans le Fezzan. La chaîne calcaire qui s'étend de Fezzan à Tripoli, contient aussi des masses considérables de trapp; et l'on a remarqué que la présence de cette roche produit de grandes variations dans la position de couches de pierre calcaire, variations dues à la cristallisation des roches de trapp, si elles sont de formation aquatique, ou à l'action de la lave si elles sont d'origine volcanique.

Des collines isolées d'amygdaloïde, espèce de trapp, se trouvent près de Gellbock dans l'Afrique méridionale.

Sur quelques cartes d'Afrique, nous avons remarqué une chaîne de montagnes placée au midi des chaînes syénitiques et porphyritiques de la Haute-Egypte, et indiquée comme basaltique.

Roches volcaniques.

Nous n'avons aucune description des roches volcaniques de l'Afrique : mais les voyageurs affirment qu'il existe un volcan en Abyssinie, et deux près de la côte de Mosambique.

Alluvions.

Les sables des grands déserts sont les principales *formations d'alluvion* de l'Afrique.

En certains endroits du grand désert, les sables, selon le rapport de M. Horneman, sont couverts d'innombrables fragmens de bois pétrifié, quelquefois même de troncs d'arbres entiers de douze pieds de circonférence, quelquefois de petites branches ou de morceaux d'écorce. Ce bois pétrifié est généralement noir; parfois il est grisâtre, et ressemble alors tellement au bois naturel qu'on a souvent essayé de s'en servir pour brûler.

Malheureusement nous n'avons aucune

description satisfaisante, ici, de ce sable, ni des minéraux qu'il contient. Cependant, puisqu'il paraît probable que certaines espèces de ces sables sont des dépôts originels, et n'ont point été formés par l'action de l'atmosphère et de l'eau sur des roches préexistantes, il serait très-important de bien connaître la nature oryctognostique et les relations géognostiques des sables, particulièrement de ceux qui forment les grands déserts d'Afrique ou de toute autre partie du globe.

MINÉRAUX D'AFRIQUE.

1. *Topaze* — On dit que les anciens rois d'Egypte en faisaient venir d'une île de la Mer-Rouge, nommée Zamorguet ou île des Topazes.

2. *Emeraude.*—Les Romains la tiraient, dit-on, des montagnes situées sur les côtes de la mer Rouge, dans l'Ethiopie et la Haute-Egypte. Bruce parle d'une île de la Mer Rouge, nommée île des Emeraudes, mais qui ne contient qu'un spath-fluor coloré en vert.

3. *Cymophâne ou Chrysoberil.*—On com-

prend aussi cette pierre précieuse parmi les productions de la Haute-Egypte.

4. *Tourmaline ou Schorl.*—On en trouve dans les couches granitiques, voisines des sources du Sénégal.

5. *Epidote ou Pistacite.* — Ce minéral se montre dans les vallées voisines de Cosseir, et sur les bords de la rivière Orange, dans l'Afrique méridionale.

6. *Grenat.* — L'Ethiopie en fournit de très-beau.

7. *Quartz.* — Les plus rares variétés du quartz africain sont l'*avanturine* d'Egypte et le *cristal de roche* de Tunis.

8. *Bois pétrifié.* — Se trouve, ainsi que nous l'avons dit, dans les sables du désert.

9. *Calcédoine et Cornaline.* — On les trouve toutes deux sur les rives du Nil, dans la Haute et la Basse-Egypte.

10. *Agate.* — Commune, à l'est du Caire.

11. *Jaspe commun.* — Se montre, par veines d'une épaisseur considérable, dans les couches schisteuses de la Haute-Egypte.

12. *Jaspe égyptien.* — Ce beau minéral, particulier à l'Afrique, abonde dans le désert sablonneux qui sépare le Caire de

Suëz. On en trouve aussi dans d'autres parties de la Basse-Egypte, enveloppé dans une espèce de poudingue.

13. *Prehnite.* — Cette belle espèce de zéolite forme des veines dans le granite, et se trouve dans le pays des Namaquois, au nord du cap de Bonne-Espérance.

14. *Amphibole actinote.* — On la trouve, ainsi que l'*Epidote*, dans les vallées de la Haute-Egypte.

15. *Amphibole hornblende.* — Abonde dans les syénites et les granites de la Haute-Egypte.

16. *Amiante.* — Le bel amiante bleu et jaune se trouve près d'Hardcastle, sur la rivière Orange, dans l'Afrique méridionale.

17. *Spath-fluor*, ou chaux fluatée. — Une belle variété verte de ce minéral, qu'on a confondue avec l'émeraude, existe, dit-on, dans l'île des Emérandes.

18. *Spath pesant ou barite sulfatée.* — Se montre en petite quantité dans la Basse-Egypte.

19. *Nitre.* — Les roches du Darfour et des déserts de l'Afrique méridionale sont incrustées de ce sel.

20. *Natron.* — Il y a deux variétés de ce sel, le commun et le radié, qu'on trouve tous deux en Afrique ; savoir : le natron commun en grande quantité, à Nitria, dans la vallée des Lacs Natron (1) et dans la Nubie ; le radié dans la province de Sukena, à deux journées de Fezzan. Il forme, sur les roches, une croûte épaisse ordinairement comme une lame de couteau, mais rarement d'un pouce d'épaisseur, sur la surface de la terre. M. Barrow assure que ce sel existe dans le canton de Tarka, au pays des Bosjesmans, Afrique méridionale.

21. *Soure.* — Cette substance se trouve dans la contrée de Darfour.

22. *Graphite ou plombagine.* — On dit qu'il se rencontre au cap de Bonne-Espérance, et aussi près de Tunis.

23. *Or.* — L'Afrique fournit une quantité considérable de ce métal, qu'on recueille toujours en poudre ou en grains trouvés dans le sable des rivières, ou dans le sol alluvial des plaines et des vallées. L'or est

---

(1) Ces lacs contiennent aussi des couches de sel de Glauber.

rare dans l'Afrique septentrionale : mais il abonde dans certaines régions du centre et du sud, entr'autres dans celle de Kordofan, située entre le Darfour et l'Abyssinie.

La plus riche, après Kordofan, est la région placée au sud du grand désert de Sahara, vers l'extrémité occidentale de l'Afrique, à partir du pied des montagnes où la Gambie, le Sénégal et le Niger prennent leur source. Le sable de ces rivières contient aussi de l'or. Bambouk, situé au nord-ouest de ces montagnes, fournit la plus grande partie de l'or qu'on porte à la côte d'Afrique, à Maroc, Fez, Alger, Alexandrie, et au Caire.

Vient ensuite la côte orientale entre le 15.° et le 22°. degrés de latitude sud, vis-à-vis Madagascar. On dit qu'on trouve l'or dans cette contrée, non-seulement en poudre, mais en filons, et l'on croit que le pays d'Ophir, d'où Salomon tirait de l'or, appartenait à cette côte. A l'opposé, dans le golfe de Guinée, plus près de l'équateur, la Côte d'Or a fourni une grande quantité d'or aux Portugais, et ensuite aux Hollandais.

24. *Argent.* — Il existe plusieurs mines

d'argent dans le teritoire de Tunis. On dit qu'il en existe aussi dans les montagnes de Mosambique et du Congo. Suivant des rapports recueillis par Browne, l'argent abonde en Zanfara, contrée située à l'ouest de Darfour : son assertion est unique, et nous pensons qu'il a été induit en erreur.

25. *Cuivre.* — L'Atlas occidental et le territoire de Tunis, les montagnes occidentales de Mosambique et la partie méridionale de celles qui servent de frontière au Congo du côté de l'orient, fournissent une quantité considérable de ce métal. Il y a aussi des mines de cuivre à Fertit, en Abyssinie, et dans les montagnes de Damaras au nord de la rivière Orange. Nous n'avons pas de description exacte des minerais exploités : mais il paraît que, dans quelques parties de l'Afrique méridionale, on exploite du cuivre vîtreux ou cuivre sulfuré.

26. *Fer.* — Ce métal abonde dans le royaume de Maroc et derrière Sofala, principalement dans le pays des Makooanas qui l'exploitent ; on trouve aussi, dit-on, des mines de fer en Abyssinie. Dans les montagnes voisines du cap de Bonne-Es-

pérance, l'hématite rouge et le minerai de fer se montrent par veines dans le grès ; le fer micacé se rencontre dans la même contrée : les naturels l'emploient pour en faire des bijoux. On trouve du fer natif météorique dans plusieurs contrées de l'Afrique : Golberry, en traversant l'Afrique occidentale, trouva une masse de fer natif dans le grand désert de Sahara. Des fragmens de cette masse, apportés en Europe par le colonel O'hara, ont donné, à l'analyse, quatre-vingt-seize parties de fer et quatre de nickel. Barrow parle d'une masse de fer météorique qu'il observa sur les bords de la grande rivière aux Poissons, dans la Caffrerie.

27. *Plomb.*—Nous avons peu de notions sur les mines de ce métal en Afrique. Il en existe, dit-on, à Tunis et en Abyssinie. Des veines de *galène* ou *plomb sulfuré* coupent les couches de grès dans la chaîne du Zwarteberg, derrière le cap de Bonne-Espérance.

28. *Antimoine.*—Ce métal abonde, dit-on, dans la région occidentale de l'Atlas.

Zoologie.

La zoologie de ce continent est moins connue que celle des autres grandes parties du globe. Cependant, suivant le rapport des voyageurs, les quadrupèdes et les oiseaux d'Afrique doivent être classés parmi les plus grands et les plus singuliers observés, jusqu'à présent, par les naturalistes. Ses animaux amphibies, ses poissons, ses insectes, ses mollusques et coralines présentent des phénomènes très-curieux. Dans un ouvrage tel que le nôtre, nous ne pouvons entrer dans tous les détails de l'histoire naturelle de l'Afrique ; mais nous donnerons une courte énumération des animaux qui lui sont propres.

Nous allons suivre l'arrangement systématique des zoologistes modernes, et nous commencerons par les mammifères.

Mammifères.

De tous les animaux quadrumanes de l'Afrique, le plus remarquable est l'orang-outang, (*simia troglodytes*) : la forme extérieure, la proportion des bras qui ne dépassent point les genoux, la conformation de la bouche et l'absence de la queue lui donnent une grande ressemblance avec l'espèce humaine. On l'a d'abord confondu avec l'orang-outang de Borneo (*simia satyrus*) ; mais cet animal est brun, tandis que celui d'Afrique est noir : on dit qu'il atteint quelquefois à une taille de cinq à six pieds, et qu'il est doué d'une force prodigieuse.

L'Afrique abonde en babouins et en guenons. Presque toutes les espèces de babouins sont très-grandes, très-fortes, mais dégoûtantes par leur saleté et dangereuses par leur férocité ; tandis que les nombreuses espèces de guenons se distinguent par la douceur, la gentillesse de leurs manières et leur talent extraordinaire d'imitation.

On trouve en Afrique plusieurs espèces de chauve-souris (*vespertilio*) ; deux, le *borbonicus* et le *nigrita*, sont propres à ce continent.

Parmi les écureuils (*sciurus*), on regarde comme propres à l'Afrique les espèces suivantes :

Sciurus { getulus,
setosus,
abyssinicus,
ater.

Le rat noir (*mus ratus*), le rat commun (*mus musculus*) sont très-multipliés : mais la plus remarquable espèce est celle dont le poil est mêlé de pointes qui lui donnent une certaine ressemblance avec le porc-épic : cette espèce paraît appartenir au genre du *rat épineux* d'Azara.

Quatre espèces de lièvre (*lepus*) sont, dit-on, propres au continent Africain, savoir

Lepus { ægypticus,
capensis, (trois espèces.)

Quelques auteurs prétendent que le lièvre commun est originaire de l'Afrique septentrionale : mais il est probable qu'ils l'ont confondu avec le lièvre égyptien (*lepus ægypticus*).

Le porc-épic crêté existe en Afrique : mais, jusqu'à présent, on ignore si quelque espèce de ce genre appartient en propre à cette partie du globe.

On dit qu'il existe une espèce de hérisson (*erinaceus*), particulière à l'Egypte ; quatre autres se trouvent à Madagascar, et paraissent appartenir au genre désigné par Cuvier sous le nom de centêtes (*tenrec.*)

On trouve en Afrique la musaraigne, (*sorex*); une espèce est originaire du Cap de Bonne-Espérance. La taupe (*talpa europæa*), est connue dans un grand nombre de contrées.

La civette (*viverra civetta*) appartient à l'Afrique, ainsi que le célèbre ichneumon (*viverra ichneumon*), adoré jadis par les Egyptiens.

L'ours (*ursus*) est rare ; l'ours noir (*ursus niger*) habite les montagnes de Barbarie.

L'Afrique offre plusieurs espèces de chiens (*canis*). De nombreuses troupes de chiens sauvages se montrent dans le Congo ; ce n'est pas le type du dogue commun, mais une variété de cet animal devenu sauvage. Il n'est pas sûr que le renard (*canis vulpes*) se trouve en Afrique, mais le loup y est très-commun. Le chacal (*canis aureus*), probablement le renard de la bible, abonde dans ce continent.

Le lion, habitant jadis les trois parties de l'ancien monde, s'est retiré en Afrique principalement, et dans quelques contrées limitrophes de l'Asie.

La panthère et le léopard appartiennent également à l'Afrique: on parle encore de plusieurs espèces du genre de ces derniers comme propres à ce continent; mais les faits ne sont ni assez certains, ni assez connus.

La hyène ne se trouve guères qu'en Afrique ; au midi la hyène mouchetée (*hyæna crocuta*), au nord la hyène rayée (*hyæna striata*), qui se montre aussi dans le Levant, la Perse et l'Inde.

Le pangolin, ce quadrupède remarquable, défendu par une cuirasse d'écailles tranchantes et mobiles, appartient à l'ancien monde. Une de ses espèces tétradactyles et à longue queue se trouve au Sénégal.

Le fourmillier (*myrmecophaga*) passait aussi pour un des habitans natifs de l'Afrique: mais il est certain que toutes les espèces de ce genre appartiennent au nouveau monde, et que le fourmillier supposé est un autre genre caractérisé par ses dents et ses ongles, nommé *orycteropus*, que l'on trouve au Cap de Bonne-Espérance.

L'Afrique est plus riche qu'aucune autre partie du monde en animaux du genre des chevaux, tels que le zèbre, le couaga, le cheval ordinaire et l'âne sauvage.

De tous les animaux à pied fourchu le plus remarquable est la giraffe, ou caméléopard, disséminé sur les régions comprises entre la colonie du Cap et l'Egypte. Son cou est d'une longueur extraordinaire; sa tête, assez semblable à celle d'un bélier, est pourvue d'une paire de cornes très-rapprochées et terminées par un bouquet de poils. Mesuré de la tête aux pieds, c'est le plus grand de tous les quadrupèdes : on a vu des giraffes de dix-huit pieds de hauteur. C'est un animal très-doux, ne vivant que de feuillages.

Le genre des antilopes est très-nombreux en Afrique ; on en compte environ trente espèces, presque toutes distinguées par l'élégance de leurs formes, la grâce de leurs mouvemens, la vélocité de leur course. La plus singulière de ces espèces est le gnou, originaire du Cap de Bonne-

Espérance, composé vraiment étonnant du cheval, du cerf et du bœuf; le gnou a environ trois pieds huit pouces de hauteur sur cinq pieds huit pouces de long (1). L'antilope ne se trouve pas dans le nouveau monde.

Les animaux du genre de la chèvre (*capra*), paraissent rares en Afrique. Rien de moins positif que les descriptions des voyageurs sur les diverses espèces qu'on dit exister dans les régions septentrionales de ce continent : ils assurent qu'on y trouve la chèvre sauvage, la même que la chèvre domestique et le moufflon.

La seule espèce de bœuf propre à l'Afrique, est celle du *bos caffer*, remarquable par sa grosseur, son caractère sauvage et sa férocité.

Les anciens ont parlé de plusieurs animaux d'Afrique, dont on regarde maintenant l'existence comme fabuleuse. Le

---

(1) L'année dernière (1820), on en a débarqué un en Angleterre, appartenant au lord Sommerset. Il a une tête de vache, une crinière de cheval et la partie postérieure du corps semblable à celle du mulet.

plus célèbre de tous est la licorne, sur laquelle nous allons donner l'opinion du savant Cuvier. On a, dit-il dans sa *Théorie de la Terre*, essayé, même de nos jours, de prouver la réalité de l'existence de l'*unicorne;* les anciens font mention de trois animaux armés d'une seule corne placée au milieu du front : l'*orix* d'Afrique (1), l'*âne indien* (2) et le *monocéros* (3), animaux sur lesquels ils ont rassemblé une foule de singularités dont la variété et les contradictions démontrent évidemment la fausseté. Il est certain que ces animaux n'ont jamais existé, et l'on ne connaît pas d'autres espèces unicornes que le rhinocéros et le narval.

Après un mûr examen, il est impossible d'accorder aucune confiance aux esquisses grossières tracées sur des rochers par des sauvages qui, sans aucune idée de perspective, voulant représenter de profil un antilope recticorne, ont négligé l'une des deux cornes, et ont, ainsi, produit, sans

---

(1) Aristote.
(2) Pline.
(3) Pline et Philostrog.

dessein, une licorne. Les licornes sculptées sur les monumens égyptiens ne sont probablement autre chose que les productions de ce style roide, imposé aux artistes du pays par les préjugés religieux. La plupart des profils de quadrupèdes ne montrant qu'une seule jambe antérieure et une postérieure, il est probable que l'usage a conduit les artistes à ne représenter qu'une seule corne. Les anciens toutefois ne s'accordent pas tous à donner une seule corne à la licorne : Oppien en attribue expressément deux à cet animal ; Ælien fait mention d'une licorne qui en avait quatre: Enfin si la licorne était un animal ruminant et à pied fourchu, il est indubitable que l'os frontal devait être divisé en deux, et impossible, comme le remarque judicieusement Camper, qu'une corne se trouvât placée sur la suture.

Si l'on demande quel est l'animal bicorne qui, même indépendamment de la corne, a donné l'idée de la licorne avec la forme sous laquelle elle nous a été transmise, nous répondrons avec Pallas que c'est l'*antilope orix recticorne* de Gmelin, improprement appelé *pasan* par Buffon.

Cet animal habite les déserts de l'Afrique, s'approche fréquemment des frontières de l'Egypte, et paraît être le même que celui des hiéroglyphes. Egal au bœuf pour la taille, se rapprochant des formes du cerf, il est armé de deux cornes redoutables, droites, aiguës, et dures comme le fer; son corps est blanchâtre, sa face marquée de taches et de raies noires, et le poil de son dos hérissé. Telle est la description des naturalistes, et les fables des prêtres égyptiens, qui ont introduit cette figure parmi les hiéroglyphes, ne paraissent fondées sur aucun fait naturel. Supposons qu'un des animaux dont nous venons de tracer le portrait, eût perdu l'une de ses cornes par accident (ce qui arrive assez fréquemment), il peut, dans cet état, avoir été pris pour un individu d'une espèce particulière, et l'autorité d'Aristote aura donné du poids à cette opinion et perpétué l'erreur. Tout cela est possible et naturel, tandis que rien ne prouve l'existence d'une espèce d'antilope unicorne.

Les animaux dont le sabot est divisé en plus de deux parties, les animaux appelés multongulés sont communs et bien caractérisés en Afrique. Voici les principales espèces.

1. L'*éléphant.* — Une espèce de ce genre, particulière à l'Afrique, est nommée éléphant africain. Il a la tête ronde, le front convexe, les oreilles très-grandes, et la surface des dents mâchelières terminée par des bosses en forme de losanges. Il habite l'Afrique depuis le Sénégal jusqu'au cap de Bonne-Espérance. On ignore s'il habite également la côte orientale, ou s'il y est remplacé par l'espèce asiatique. L'éléphant africain n'est jamais apprivoisé maintenant ; il paraît cependant, d'après le témoignage des historiens, que les Carthaginois s'en servaient pour la guerre et divers usages domestiques.

2. *Le rhinocéros.* — Une espèce de ce genre remarquable appartient à l'Afrique. Son nez est armé de deux cornes, sa peau est unie et non pas disposée par plis comme celle du rhinocéros unicorne.

3. *Le dromadaire* n'est point originaire d'Afrique, mais il s'y est multiplié comme les animaux indigènes. C'est, avec le chameau, le plus utile de tous les animaux dans ce continent dont, sans eux, de vas-

tes régions seraient inhabitables et impraticables.

4. L'*hippopotame*. — Cet animal habite les grands fleuves de l'Afrique méridionale ; on en voit quelquefois des troupeaux. Il se trouvait jadis dans les eaux du Nil ; mais il a depuis long-temps abandonné cette partie de l'Afrique. On le regarde comme appartenant à ce continent, parce qu'on a vu quelques animaux de la même espèce à Sumatra seulement.

5. Le *cochon*. — Il n'y en a qu'une espèce particulière à l'Afrique : c'est le cochon africain de Schreber, qui est décrit et représenté par Daniels, dans son tableau de l'Afrique, comme originaire de l'Afrique méridionale. On le trouve aussi dans l'île de Madagascar. Le cochon sauvage ou sanglier existe dans l'Afrique septentrionale.

6. Le *phaaco-cocrus* (1). — Espèce de cochon sauvage, tenant de près à la précédente et propre à l'Afrique. On la désigne sous le nom de cochon africain ou

---

(1) C'est sans doute celui dont Buffon donne la description sous le nom de sanglier du Cap-Vert.

éthiopien; on la trouve en diverses parties de l'Afrique, au Cap-Vert, au cap de Bonne-Espérance.

7. L'*hyrax*. — De ce genre, il n'y a qu'une espèce connue des naturalistes. Cet animal, à peu près de la taille du lièvre, se trouve fréquemment dans les cantons montagneux de l'Afrique, ainsi qu'en Syrie. C'est le *saphan* de l'Ecriture sainte.

L'histoire naturelle des mammifères palmés d'Afrique est très-imparfaite. Les veaux marins se montrent sur les côtes, quelquefois en troupes nombreuses. Le veau marin commun (*phoca vitulina*) se trouve, dit-on, sur les côtes de Barbarie et au cap de Bonne-Espérance, auprès duquel on a vu aussi le lion de mer (*phoca jubata*).

On a observé un autre genre de mammifères palmés à l'embouchure des grands fleuves africains. — Cet animal, désigné sous le nom de *manatus*, diffère du cheval de mer, ou morse, des régions septentrionales en ce que, manquant de pieds de derrière, son corps se termine comme celui des poissons, circonstance qui le rattache plutôt aux baleines qu'aux morses: cette espèce forme le chaînon qui lie les quadrupèdes palmés aux cétacées.

Les baleines et l'espèce des cétacées sont peu communes sur les côtes d'Afrique ; il paraît que ces animaux préfèrent les régions froides du globe.

ORNITHOLOGIE.

Oiseaux particuliers à l'Afrique.

On trouve plus d'espèces d'oiseaux dans l'Amérique méridionale que dans l'Afrique, et plus en Afrique qu'en Australie qui paraît cependant renfermer plus d'espèces aquatiques. L'ornithologie des rivières et des lacs d'Afrique, de la Nouvelle Zélande et de la Nouvelle Hollande est peu connue ; voilà pourquoi le catalogue des oiseaux d'Afrique est beaucoup plus resserré que celui d'Europe, quoique ce continent soit petit, comparé à celui d'Afrique.

Il existe en Afrique environ six cent quarante-deux espèces d'oiseaux, formant la sixième partie des espèces connues. Sur ce nombre, cinq cents, à peu près, lui sont propres. De quatre-vingt-sept genres observés en Afrique, six ou huit lui appartiennent particulièrement, savoir : les genres *Corythaix*, *Musophaga*, *Buphaga*, *Numida*, *Didus*, *Scopus*, et probablement aussi les genres *Gypogeranus* et les *Pogonias*. Le *Didus* (c'est le dronte), espèce si remarquable dans l'ornithologie, observé d'abord dans l'île de Bourbon et dans quelques parties de l'Afrique, est devenu si rare qu'on ne l'aperçoit presque plus dans ces mêmes contrées. Cette espèce, comme celle de beaucoup d'autres animaux, a été détruite par des causes ignorées.

La pintade (*numida meleagris*), originaire d'Afrique, semble appartenir au genre du faisan, des poules communes d'Asie, de la pintade de Turquie et de la pénélope d'Amérique.

L'autruche (*struthio camelus*), une des plus grandes et des plus remarquables tribus ailées, propre à l'Afrique et à certains cantons de l'Asie, se montre en grand nombre dans les sables du désert. Hautes de six à huit pieds, plus légères à la course qu'aucun autre animal, les autruches vivent en troupes nombreuses. Elles pondent des œufs du poids de trois livres, que la seule chaleur du soleil fait éclore dans les plus chaudes régions de l'Afrique; dans les autres, l'oiseau couve de temps en temps.

En Afrique, comme dans les climats chauds en général, les oiseaux insectivores et frugivores sont les plus nombreux, parce que, dans ces mêmes climats, les fruits et les insectes sont plus abondans. On observe cependant que les perroquets, si multipliés dans les autres régions méridionales du globe, sont rares comparativement en Afrique.

Nous allons donner le tableau des genres et des espèces découverts en Afrique, distribués suivant la méthode d'Illiger.

Genres.	NOMS.	Espèces.	ESPÈCES.	
			Propres à l'Afriq.	Communes aux autres contrées.
	Ier ORDRE. — SCANSORES. *Grimpeurs*.			
1	Psittacus ..... Perroquet...........	16	12	4
5	Pogonias ..... Barbican	4	3	1
6	Corythaix .... Turaco.............	2	2	0

(302)

Genres.	NOMS.	Espèces.	ESPÈCES.	
			Propres à l'Afriq.	Communes aux autres contrées.
7	Trogon ...... Couroucou...........	1	1	0
8	Musophaga... Musophage..........	1	1	0
11	Bucco........ Barbu..............	1	1	0
12	Cuculus...... Coucou............	16	16	0
13	Centropus.... Coucou égyptien......	3	1	

II° ORDRE. — AMBULATORES.

Promeneurs.

17	Alcedo....... Martin-Pêcheur......	13	9	4
18	Merops....... Guêpier	11	9	2
20	Nectarinia.... Sucrier	31	30	1
22	Upupa .... Huppe..............	5	3	2
26	Sitta......... Torchepot..........	2	2	0
27	Buphaga...... Pique-Bœuf	1	1	0
28	Oriolus....... Troupiale..........	3	3	0
30	Sturnus ...... Etourneau	1	Commune.	
31	Turdus....... Grive, Merle........	38	33	5
34	Motacilla ..... { Bergeronette ou Hochequeue..........	54	49	5
35	Muscicapa.... Gobe-Mouche........	37	35	2
37	Lanius .... Pie-Grièche.........	19	16	3
38	Sparactes..... Bec de fer Lanier......	1	Commune.	
41	Parus .... Mésange............	5	4	1
42	Alauda....... Alouette............	7	7	0

Genres.	NOMS.		Espèces.	Propres à l'Afriq.	Communes aux autres contrées
43	Emberisa.....	Bruant................	6	4	2
45	Fringilla.....	Pinson, Moineau, Verdier, Bouvreuil, etc.	67	53	14
47	Colius........	Coliou................	6	6	0
49	Phytotoma....	Phytotome............	1	1	0
51	Buceros	Calao.................	4	3	1
52	Corvus.......	Corbeau, Corneille, Choucas, Pie, Geai.	9	6	3
53	Coracias......	Loriot................	13	9	4
56	Gracula	Mainate, Gracule.....	2	2	0
59	Hirundo......	Hirondelle	7	5	2
61	Caprimulgus.	Tette Chèvre, Engoulevent.............	4	2	2

IIIe. Ordre. — Raptatores.

Oiseaux de proie.

Genres.	NOMS.		Espèces.	Propres à l'Afriq.	Communes aux autres contrées
62	Strix........	Chouette, Chat-huant, Hibou................	5	2	3
63	Falco.......	Aigle, Faucon, Autour, Milan, Buse, Epervier.	33	26	7
64	Gypogeranus.	Messager.............	1	Commune.	
65	Gypaëtus.....	Griffon...............	2	4	1
66	Vultur	Vautour..............	3	1	2

Genres.	NOMS.	Espèces.	ESPÈCES. Propres à l'Afriq.	Communes aux autres contrées.
	IVᵉ. Ordre. — Rasores.			
	Oiseaux à vol bas.			
68	Numida ...... Pintade	3	3	0
77	Tetrao .... Tetras	5	4	1
78	Perdix .... Perdrix	14	8	6
79	Ortygis .... Caille	6	4	2
81	Columba ..... Pigeon	16	15	1
83	Didus .... Dronte	1	1	0
	Vᵉ. Ordre. — Cursores.			
	Coureurs.			
85	Struthio ...... Autruche	1	Afrique et Asie	
87	Otis .... Outarde	6	5	1
88	Charadrius.... Pluvier	13	10	3
89	Himantopus .. Echasse	1	Commune.	
	VIᵉ. Ordre. — Grallatores.			
	Échassiers.			
95	Glareola ..... { Glaréole, Perdrix de mer	1	Commune.	
101	Grus .... Grue	4	2	2
102	Ciconia .... Cicogne	4	2	2
103	Ardea .... Héron, Butor, Crabier.	4	2	2
105	Scopus .... Ombrette	1	1	0

Genres.	NOMS.	Espèces.	Propres à l'Afriq.	Communes aux autres contrées.
109	Ibis............ Ibis.................	6	5	1
110	Numenius..... Corlieu ou Courlis...	4	4	0
111	Scolopax...... Bécasse	3	Commune.	
115	Tringa........ Vanneau	1	Commune.	
116	Parra......... Jacana	1	1	0
117	Rallus........ Râle................	7	6	1
118	Crex.......... Poule d'eau........	6	3	3
119	Fulica......... Foulque............	1	Commune.	
124	Platalea....... Spatule	1	Commune.	
125	Phœnicopterus. Flammant..........	1	Commune.	

VIIe. ORDRE. — NATATORES.

Nageurs.

Genres.	NOMS.	Espèces.	Propres à l'Afriq.	Communes aux autres contrées.
127	Sterna........ Hirondelle de mer...	7	2	5
128	Larus......... Mouette, Goëland...	2	.	2
129	Lestris........ Stercoraire	2	.	2
130	Procellaria.... Petrel, Oiseau de tempête.............	6	.	6
133	Diomedea..... Albatross...........	2	.	2
134	Anas.......... Canard, Sarcelle, Cygne.............	10	5	5
135	Anser......... Oie.................	6	3	3
137	Pelicanus...... Pélican.............	2	1	1
138	Halieus....... Cormoran, Frégate...	6	3	3

Genres.	NOMS.	Espèces.	Propres à l'Afriq.	Communes aux autres contrées.
139	Disporus ...... Fou................	1	1	0
140	Phaëton........ Paille en queue......	2	.	2
141	Plotus .... Anhinga	2	2	0
142	Colymbus ..... Grèbe...............	1	0	1
147	Aptenodytes... Manchot (1)........	1	1	0

(1) L'auteur, en coordonnant sa nomenclature des oiseaux africains à la méthode d'Illiger, avait adopté un ordre numérique qui pouvait causer des erreurs, ou du moins des incertitudes, sur la nature et la distribution *des genres*; à chaque *ordre*, il recommençait une nouvelle série de numéros, de manière que ces numéros ne correspondaient plus à ceux d'Illiger : nous avons rectifié ce travail en rétablissant la série ordinale d'Illiger.

Les numéros, manquant dans la série générale entre 1 et 147, appartiennent à des *genres* qui n'existent pas en Afrique ou qui, du moins, ne sont pas cités dans la nomenclature anglaise.

Chacun des genres comprend encore plusieurs familles : cette distinction n'est pas faite ici ; les lecteurs, curieux d'histoire naturelle, pourront consulter, à cet égard, l'ouvrage même d'Illiger. — *Caroli Illigeri*, etc., *Prodromus systematis mammalium et avium, additis terminis zoographicis*, etc.; *Berolini*, 1811; 6 vol. in-8°. (*Note du Traducteur.*)

Animaux amphibies.

Reptiles.

L'espèce de tortue la plus commune, nommée Tyrsé (*Trionix ægyptiacus*, Geoff.) d'environ trois pieds de long, tachetée de vert et de blanc, rend de grands services à l'Egypte, en dévorant les jeunes crocodiles au moment où ils éclosent.

Le crocodile commun, ou crocodile du Nil, autrefois très-multiplié dans la Basse-Egypte, habite maintenant le haut pays; il abonde dans les rivières de la côte de Guinée et dans le Sénégal. Le *monitor* du Nil, autrement ouaran, (*lacerta nilotica*, Linn.) espèce de lézard de trois pieds de long, était révéré des anciens Egyptiens, parce qu'il mangeait les œufs du crocodile. Il existe au Congo une autre espèce de *monitor*, lézard de six pieds de long, très-utile au pays qu'il délivre d'une grande quantité d'insectes. Le monitor terrestre d'Egypte, ou bien ouran-el-hard, commun dans les déserts qui bordent cette contrée, est le crocodile terrestre d'Hérodote, le véritable *scincus* des anciens.

Le caméléon, si fameux par la faculté qu'il possède de changer de couleur, se trouve en Egypte et en Barbarie. On rencontre plusieurs espèces, appartenant au même genre, dans la Sénégambie et au cap de Bonne-Espérance.

Serpens.

Le grand boa (*boa constrictor*, Linn.) est, selon quelques naturalistes, originaire d'Afrique ; mais des observateurs plus exacts pensent que l'espèce du boa ne se trouve pas dans l'ancien monde. Les grands serpens d'Afrique appartiennent au genre Python.

Les jongleurs égyptiens apprennent au *haje* (*coluber-haje*, Linn.) à exécuter divers mouvemens qu'ils appellent danse. Le haje se dresse de lui-même lorsqu'on en approche, ce qui fit imaginer aux anciens Egyptiens qu'il gardait les champs où il établissait sa résidence ; ils en firent le symbole de la protection divine et le sculptèrent sur les frontons de leurs temples. Il semble avoir des rapports avec le serpent que les anciens appelaient *aspis* (*Aspic*).

Insectes.

L'Afrique produit une grande quantité d'insectes, aussi remarquables par l'éclat et la variété de leurs couleurs que par leurs formes et l'arrangement de leurs diverses parties. Quelques espèces sont répandues dans de vastes espaces, quelques autres sont renfermées dans de plus étroites limites; souvent la même espèce change de couleur, et, suivant le pays qu'elle habite, cette couleur devient plus claire ou plus foncée, plus mate ou plus brillante. Les mœurs et les habitudes de cette innombrable et singulière classe d'animaux excitent vivement l'attention et la curiosité de l'observateur; nous nous bornerons cependant à donner une idée des principales espèces, notre plan ne nous permettant pas d'entrer dans des détails étendus sur tous les insectes d'Afrique.

Parmi ces insectes d'Afrique, le plus redoutable est la sauterelle voyageuse (*gryllus migratorius*). Sa prodigieuse multiplication, sa voracité extraordinaire, l'ont fait, de tout temps, regarder comme un fléau. Des provinces entières sont rongées en peu de jours; sous leurs pas la verdure disparaît, et l'on dirait qu'un vaste incendie a parcouru la contrée. Lorsque les sauterelles prennent leur vol, on peut dire, sans exagération, qu'elles obscurcissent la clarté du jour. M. Barrow fait une peinture frappante de leurs ravages, et donne une idée de leur nombre prodigieux dans l'Afrique méridionale, en rapportant qu'elles couvraient un espace de deux mille milles carrés, et que les cadavres de celles qui s'étaient noyées empêchaient de voir l'eau des fleuves dont les roseaux échappèrent seuls à leur voracité. Elles reparurent trois années de suite dans le Sneuwberg qui, depuis dix ans, n'avait pas eu leur visite; enfin un fort vent de nord-ouest délivra le pays de ce fléau. Ces insectes destructeurs, amoncelés sur le rivage de la mer, y formèrent un banc de trois à quatre pieds d'épaisseur et de cinquante milles de longueur. On assure qu'au moment de la putréfaction, et lorsque le vent du sud-est soufflait, l'odeur se fesait sentir en divers cantons du Sneuwberg, distant de cent cinquante milles anglais.

On mange des sauterelles dans certaines parties de l'Afrique. On les apprête de diverses manières ; les uns les broient et les font bouillir avec du lait, les autres les font griller simplement. M. Jackson dit que, pendant son séjour en Barbarie, il a vu fréquemment servir, sur d'excellentes tables, des sauterelles comme un mets très-délicat.

La fourmi, nommée par Smeathman *termes bellicosus*, est, après la sauterelle, l'insecte le plus formidable de l'Afrique. Il se bâtit un nid conique de terre et d'argile, divisé intérieurement en un grand nombre de petites cellules. Ces nids sont très-nombreux et ressemblent de loin à des villages. Jobson, dans son *Histoire de Guinée*, assure que plusieurs ont jusqu'à vingt pieds de hauteur. Les cellules du roi et de la reine, placées au centre du nid, sont entourées de plusieurs rangées de cellules destinées les unes aux insectes travailleurs, les autres aux insectes guerriers, chargés seulement de la défense des nids, quelques-unes aux œufs, aux vers, quelques autres enfin aux magasins. Ces animaux rongeurs détruisent les vivres, les meubles, les étoffes, les maisons même, et sont capables de couper de gros arbres en peu de temps. Une chose remarquable, c'est que l'abdomen de la reine, au moment de la ponte, devient si énorme qu'il est deux mille fois plus gros que le reste du corps ; c'est alors une matrice oblongue, remplie d'œufs : lorsqu'ils sont parfaitement formés, la ponte commence et s'exécute avec une rapidité telle que la reine en dépose soixante par minute, plus de quatre-vingt mille en vingt-quatre heures.

Bruce, dans ses voyages, donne le nom de tsaltsalga à une mouche qui paraît appartenir au genre des taons. A peine leur bourdonnement se fait-il entendre, que les bestiaux effrayés prennent la fuite, et courent sans s'arrêter jusqu'à ce qu'ils tombent épuisés de faim et de fatigue. Cet insecte attaque le chameau, l'éléphant et le rhinocéros, et leur fait sentir son terrible aiguillon, quoique les deux derniers couvrent leur cuir épais d'une croûte de terre. Le lion fuit aussi devant ce redoutable ennemi.

On élève une grande quantité d'abeilles

dans beaucoup de cantons de l'Afrique, où elles produisent un miel délicieux ; la cire des ruches est un objet de commerce très-important.

La tarentule abonde en Barbarie ; sa piqûre produit une violente inflammation. L'araignée du cap de Bonne-Espérance n'est pas moins dangereuse pour les hommes et pour les animaux ; et le tendaraman, espèce d'araignée de Maroc, est si venimeux, au rapport de M. Jackson, que la personne piquée meurt au bout de quelques heures.

Le scorpion, dont la piqûre est si douloureuse et quelquefois mortelle, le grand millepieds (*scolopendra morsitans*), animal dégoûtant et venimeux dont la morsure n'est pas moins douloureuse, sont l'un et l'autre très-communs en Afrique.

Mollusques.

Les côtes et les mers africaines fournissent plusieurs espèces remarquables appartenant à cette classe, entre autres plusieurs espèces de *sepia* sèche, dont quelques-unes plus grandes que partout ailleurs, et, s'il faut en croire certains voyageurs, d'une dimension colossale.

On trouve, dans les mêmes régions, les mollusques de la famille des argonautes, et, dans le voisinage du cap de Bonne-Espérance, le fameux *nautilus* qui, dit-on, donna, dans les temps antiques, la première idée de la navigation. Quand le nautile veut s'élever du fond de la mer à la surface, il retourne sa coquille sens-dessus-dessous, par le moyen de certaines parties extensives ou compressibles à volonté, perce la masse d'eau supérieure, et, dès qu'il en atteint la superficie, il retourne avec célérité sa barque, et rejette au dehors l'eau qui la surcharge. Au même instant, il élève deux de ses bras garnis, chacun à leur extrémité, de membranes ovales qui, déployées, lui servent de voiles, tandis que ses six autres bras, étendus le long de la parois de sa coquille, font l'office des rames et du gouvernail. Dans cette situation, il s'abandonne au gré des vents, et vogue avec autant de vîtesse que de sûreté ; mais à l'approche de l'ennemi ou de la tempête, il retourne adroitement son petit vaisseau, se contracte, replie sa voile, retire ses avirons et son gouvernail, remplit sa coquille d'eau, afin d'augmenter son poids et de se précipiter plus rapidement au fond de la mer. Dans les temps calmes, les nautiles naviguent en flottes sur la superficie de la mer.

Le cauris, coquillage bien connu, sert de monnaie aux naturels. Il vient de l'Inde et de la mer Adriatique.

Zoophytes.

Les zoophytes, quoique placés au dernier rang parmi les êtres animés, ne sont pas moins intéressans dans le plan sublime de la création. Leurs espèces sont innombrables ; quelques-unes, visibles seulement à l'aide du microscope, sont placées à l'extrémité inférieure de l'échelle zoologique de grandeur, dont les gigantesques baleines des pôles occupent les degrés supérieurs. Les bancs de corail, des rochers, des îles entières sont l'ouvrage d'imperceptibles zoophytes des mers tropiques. Dans certaines régions, ces bancs, longs de mille milles, larges de quarante à cinquante, et dont la base repose à des profondeurs énormes, sont construits cependant par les plus petits animaux de la création. On trouve aussi des lits entiers de roches, et même des montagnes entières de formation très-ancienne et d'une immense étendue, caractérisées par le corail dont la présence prouve qu'il existait une quantité de zoophytes dans la matière première de notre terre, et qu'alors, comme à présent, ils contribuaient à la solidité du globe. Les zoophytes, par la simplicité de leur construction et par les caractères géognostiques des rochers dans lesquels on les trouve quelquefois, paraissent avoir été créés avant les autres espèces d'animaux.

On trouve un grand nombre de zoophytes sur les côtes d'Afrique, et notamment l'astérie ou étoile de mer en beaucoup d'endroits. La plus belle et la plus singulière de cette espèce, l'étoile de mer arborescente (*asterias caput Medusæ*, Linn.) se rencontre quelquefois près du Cap de Bonne-Espérance.

Le ver de Guinée (*filaria medinensis*), est très-commun dans les régions chaudes de l'Afrique, et surtout sur les côtes de la Guinée. Il s'insinue sous la peau de l'homme, principalement sous celle des bras et des jambes, et parvient à une longueur de dix pieds. Parfois il reste immobile plusieurs années, sans produire aucun symptôme fâcheux : mais souvent il occasionne de violentes douleurs, des convulsions même, suivant la partie du corps qu'il occupe. Lorsqu'il commence à percer au dehors, il faut employer les plus grandes précautions pour l'extraire, car il a peu de consistance, et la moindre partie laissée dans la plaie peut causer de dangereux accidens.

Le *physalia*, ou navigateur portugais (en français la galère), habite les mers des tropiques et les côtes d'Afrique, et se tient toujours à la surface de la mer au moyen d'organes particuliers qui lui servent de rames et de voiles : de là lui vient son nom.

Le corail rouge (*corallium rubrum*, Cuvier) abonde sur les côtes de Tunis et dans la Mer-Rouge. Le corail croît plus lentement que les autres madrépores, et jamais en si grosses masses. On a observé que l'action de la lumière contribue puissamment à sa croissance ; ainsi, à la profondeur de trois à dix brasses, il croît d'un pied en huit ans ; à la profondeur de dix à quinze d'un pied en dix ans ; à cent brasses, il faut trente-cinq à quarante années pour produire le même accroissement. On a aussi remarqué généralement que la couleur du corail est plus belle et plus foncée dans les mers basses. Les coraux de France et d'Italie sont plus estimés que ceux de Barbarie.

On trouve une multitude de madrépores sur les côtes africaines, depuis le 30° latit. nord, jusqu'au 30° latit. sud : mais il n'est pas vrai, comme le prétendent quelques auteurs, que les mêmes espèces soient indistinctement répandues sur tout cet espace ; chacune, au contraire, a sa place déterminée et sa distribution géographique. Le nombre des espèces s'accroît à mesure que l'on avance vers les régions les plus chaudes ; mais aux extrémités méridionales et septentrionales des latitudes ci-dessus exprimées, on trouve moins d'espèces diverses et en moindre quantité.

La gorgone, (*gorgonia*) ; le millepore,

(*millepora*); les coralines, (*corallinæ*); le sertulaire, (*sertularia*); le cellulaire, (*cellularia*); l'alcyon, (*alcyonium*); l'éponge, (*spongia*), abondent dans les latitudes septentrionales et méridionales du continent africain. On recueille aussi l'éponge commune (*spongia officinalis*, Linn.) sur les côtes de Tunis et dans la Mer-Rouge, en quantité suffisante pour en faire un objet de commerce assez considérable.

CHAPITRE IX.

Etat moral et politique de l'Afrique.

Population divisée en native et étrangère. — Maures — Barbaresques. — Coptes. — Abyssiniens. — Nègres — Formes de Gouvernement. — Arts et Manufactures. — Commerce. — Caravanes. — Traite des Esclaves. — Tables comparatives du Commerce entre l'Angleterre et l'Afrique.

Un continent aussi vaste que l'Afrique doit nécessairement renfermer un grand nombre de nations diverses. Dans aucune partie du globe, en effet, l'espèce humaine ne se montre avec des formes et des couleurs aussi variées. Sous le rapport de la population, l'Afrique peut se diviser en deux grandes régions séparées, vers l'ouest, par la ligne du Sénégal et du Niger, et vers l'est, par la chaîne des montagnes de la Lune. Au nord de cette ligne, l'Afrique est occupée ou, du moins, dominée par des races étrangères qui, tirant avantage de la supériorité de leurs armes et de leur industrie, s'emparèrent de toutes les contrées fertiles et repoussèrent les indigènes dans les montagnes, les déserts et les régions centrales. Au sud de la même ligne, la population, quoiqu'indigène, tire probablement son origine d'Asie : mais la trace de cette opinion est maintenant effacée totalement. Examinons séparément ces deux divisions.

Les *Maures* tiennent le premier rang parmi les aborigènes. Cette dénomination si généralement répandue, et appliquée à tant de peuples d'origines diverses, est extrêmement vague : c'est un mot européen, inusité chez les Africains, et qu'on peut comparer à celui de Latins sous lequel tous les Européens furent jadis désignés dans l'Orient. Durant le moyen âge, les Mahométans formaient deux nations, les Turcs et les Maures; tout ce qui n'était pas turc recevait la dénomination de maure. A présent on entend, par Maures les habitans des villes de la Barbarie. Cependant, ils n'appartiennent pas tous à la même race ; c'est un peuple formé de nations diverses. L'antique population de la Numidie et de la Mauritanie, les Vandales, les Sarrazins (les plus puissans encore et les plus nombreux), les Brebers ou montagnards ont fourni chacun leur contingent : cependant on ne retrouve qu'avec une extrême difficulté quelques traits de leur physionomie particulière, tant l'influence du despotisme et la minutieuse sévérité des institutions mahométanes ont opéré un solide et parfait amalgame. En effet, toutes les villes mahométanes se ressemblent ; c'est partout le même extérieur grave, silencieux, réservé ; partout la même absence de relations sociales ; partout la tristesse et l'ennui, résultats nécessaires de l'entière exclusion des femmes. L'accomplissement mécanique des devoirs religieux interrompt seul l'apathique indolence des habitans. Une grossière ignorance, une stupide indifférence pour les sciences et les arts, caractérisent les peuples de cette région. L'aspect des rues est aussi triste que celui des individus qui les fréquentent ; étroites et sales, elles sont bordées de maisons sans fenêtres et semblables à des prisons en dehors, mais brillant dans l'intérieur d'un luxe barbare. En général, les Maures sont inférieurs aux Turcs ; ils ont la même rudesse, la même gravité : mais l'habitude de la piraterie et l'instabilité des gouvernemens les rend vifs, turbulens et perfides.

Les *Juifs*, qui n'ont jamais pu se fondre dans la masse générale, forment une classe à part. Les villes de Barbarie en contiennent un grand nombre qui conservent leur caractère et leurs usages nationaux. Considérés comme un peuple de bannis, objets du mépris et de la haine universels, ils sont insultés et maltraités avec impunité. Les immenses profits des opérations du change et du commerce, qu'ils sont seuls capables de conduire, leur font tout supporter.

Tels sont les habitans des villes barbaresques. Les campagnes sont habitées par les *Arabes*, dénomination appliquée non seulement aux conquérans de cette contrée, mais à toutes les peuplades nomades. Ils habitent des douars ou villages mobiles, composés de tentes faites avec des tissus de poils de chameaux et de fibres de palmiers ; disposées en cercle, elles forment, pendant la nuit, un abri pour les bestiaux. Quand le canton est épuisé, ils vont, avec leurs familles et leurs troupeaux, établir le *douar* ailleurs : les femmes et les enfans voyagent sur les chameaux. Les Arabes sont d'une couleur de cuivre foncé ; ils ont l'habitude de se peindre et de se tatouer ; les femmes, assez jolies dans le jeune âge, deviennent d'un embonpoint excessif. Le gouvernement intérieur de ces communautés est entre les mains d'un cheik et de plusieurs émirs qui, en général, reconnaissent l'autorité d'un souverain maure et lui paient un tribut régulier ; mais, dans les temps de trouble et d'anarchie, ils secouent souvent le joug et donnent carrière à leurs brigandages. Tous les Arabes observent, avec le zèle le plus superstitieux, les préceptes de Mahomet.

Ainsi, la masse de la population barbaresque se compose d'aborigènes ; les montagnes, et les déserts situés au sud, sont habités par de nombreuses tribus que leur courage et leurs inaccessibles retraites rendent capables de conserver leur caractère particulier et leurs institutions primitives.

Les Brebes ou *Brebers* occupent la plus grande portion de l'Atlas; les Errifis cantonnés dans les montagnes situées entre Alger et Maroc, les Shellus fixés dans la partie méridionale de ce dernier royaume, paraissent appartenir à la même race qui reparaît en Nubie, sur les bords du Nil, où les Barabras et Berberins sont probablement une branche de la même famille : on peut y joindre encore les Tibbos et les Tuariks, répandus sur une grande partie du désert africain. L'identité de toutes ces tribus semble démontrée par l'usage de divers dialectes du même langage, certainement un des plus anciens qui existent. Braves et endurcis aux fatigues, les Brebers ont bâti leurs villages sur les pentes et dans les profondes vallées de l'Atlas; seuls, dans toute la Barbarie, ils ont des formes républicaines de gouvernement, puisque le peuple s'assemble et élit ses chefs. Sujets de nom seulement, ils reconnaissent temporairement l'autorité du roi de Maroc ou des princes maures dans le territoire desquels leurs montagnes sont situées. Il s'exercent continuellement à tirer au blanc et acquièrent, dans le maniement des armes à feu une supériorité qui les rend très-redoutables aux armées de Maroc; ils les ont battues plus d'une fois. La plus puissante et la plus féroce de leurs tribus est celle des Errifis; les Shellus, moins robustes, sont plus doux et plus civilisés; mais quand on les offense, ils se montrent impitoyables dans leur vengeance. Pour voyager en sûreté dans leur contrée, il faut s'assurer de la protection de leurs chefs.

La plupart des habitans de l'Egypte sont des étrangers à peine familiarisés avec son climat et son sol. Cette contrée célèbre ne renferme qu'une seule race indigène, celle des *Coptes* ou descendans des plus anciens habitans de l'Egypte. Formé du mélange des conquérans persans, grecs, romains, arabes avec l'antique race égyptienne, ce peuple, d'origine mixte, dans la bigarrure de ses diverses tribus, semble avoir hérité des vices plutôt que des vertus de ses ancêtres. Distingué des Arabes par la profession du christianisme, et des Chrétiens par son attachement obstiné à l'hérésie d'Eutychès, les persécutions, les mépris des uns et des autres ont altéré, dégradé son caractère national. Quelques tribus, malgré la persécution, ont conservé leurs mœurs domestiques et leurs coutumes religieuses ; mais aucune n'a su conserver, dans l'adversité, ni l'honneur ni la dignité qui conviennent à l'homme. Un teint d'un jaune foncé, différent de celui des tribus grecques et arabes, des cheveux et des yeux noirs, des lèvres épaisses, un visage bouffi, un nez assez élevé, quelquefois même aquilin, tels sont les traits distinctifs des Coptes. La ressemblance des Coptes avec les anciens Egyptiens, pour la couleur de la peau et les traces caractéristiques du visage, est démontrée non-seulement par les statues et les peintures antiques, mais par l'inspection des momies d'Egypte, peuple sorti des tombeaux pour démontrer l'origine de ses descendans. Les traits caractéristiques d'une nation s'effacent difficilement, et les traits des Coptes, qui ont résisté au mélange de ce peuple avec tant de races diverses, sont une étonnante preuve de ce fait singulier ; mais il n'en est pas de même au moral, et l'on retrouve à peine parmi les Coptes une trace de l'intelligence, de la pénétration profonde des Egyptiens, ou du brillant génie des Grecs, quoique les plus nombreuses races coptes doivent leur origine à la fusion de ces deux peuples. Sachant, pour la plupart, lire et écrire, possédant, par tradition, des connaissances héréditaires sur l'agriculture en général, et sur la valeur particulière du sol cultivable dans les différens cantons de l'Egypte, ils sont devenus les dépositaires des registres publics, et se sont emparés de presque toutes les fonctions qui exigent un certain degré d'instruction superficielle; c'est parmi eux qu'on prend les secrétaires, les intendans, les collecteurs du gouvernement. Mélancoliques par tempérament et amis du repos, ils se distinguent plus dans les emplois qui demandent de l'assiduité et de l'attention que dans ceux où l'intelligence et l'activité sont nécessaires; exacts et laborieux, ils amassent souvent des fortunes considérables dont ils usent sans ostentation : cependant, ils se livrent à l'ivrognerie, aux plaisirs d'une grossière sensualité ; l'avarice est leur vice dominant, et, dans la basse classe, il y en a beaucoup, dit Vansleb, qui « tue-

« raient leur père pour la moindre pièce
« de monnaie. »

Les femmes coptes ont, en général, une taille élégante et une figure agréable dont leurs yeux noirs, grands et expressifs font le plus bel ornement. Dès les temps anciens, la race copte fut plus nombreuse dans le Sahid ou Haute-Égypte que dans le Delta, continuellement exposé aux incursions des étrangers. Quelques familles habitent cette contrée ; mais la masse réside au-delà du Caire. A l'époque de l'invasion d'Amrou, leur nombre était évalué à six cent mille, mais depuis il a décru considérablement.

A en juger par les traits des habitans, ce sont les Arabes qui ont dû peupler le grand empire d'*Abyssinie*, mais à une époque si reculée, que la population actuelle peut être regardée comme indigène. Bruce paraît avoir démontré plusieurs points de ressemblance entre leurs coutumes et celles des Juifs, lorsque ces derniers étaient un peuple indépendant. Les Arabes représentent le temps des patriarches, les Abyssiniens celui de l'ancienne Asie, lorsque les états devinrent tout à la fois plus puissans et plus corrompus. Tous les cantons de l'Abyssinie sont remplis de tribus natives, caractérisées par le teint et les traits nègres; quelques-unes, celle de Shankala ou Shangalla entre autres, vivent encore dans toute la rudesse de l'état sauvage. Ces tribus s'étendent depuis quelque temps, et se sont emparées de plusieurs belles provinces de l'Abyssinie.

Une nombreuse population indigène, distinguée par le teint et les traits nègres, est répandue dans les empires de Bornou et de Cashna ou Cassina, ainsi que dans les états tributaires de Bergou, Beghermé, Wangara, etc.; les chefs et les souverains sont musulmans. Soumis par les premiers conquérans sarrasins, ces peuples sont restés depuis constamment assujettis au joug de cette race étrangère. On connaît peu leurs mœurs et la forme de leur gouvernement. Il ne paraît pas que, depuis le temps d'Edrisi, l'influence mahométane se soit accrue dans cette partie de l'Afrique, et l'exemple de Tombuctou donnerait à penser que les indigènes cherchent à recouvrer l'indépendance.

Au-delà de la grande ligne des rivières

centrales, on ne trouve plus que des races indigènes. Parmi les tribus *nègres*, peu ont embrassé la religion mahométane, et celles qui se sont converties n'en conservent pas moins leurs anciennes superstitions, et ne peuvent surtout s'accommoder des habitudes austères de la vie retirée que prescrit cette religion. Imprévoyance, douceur, abandon, gaîté folâtre, tels sont les attributs du caractère des Nègres ; placés sur un sol fertile qui leur fournit le nécessaire sans les obliger à de pénibles travaux, vivant de peu, étrangers aux besoins factices, ils ne songent qu'au plaisir et sont passionnés pour la danse et la musique. Depuis le coucher du soleil, « toute l'Afrique danse, » dit Golbery. La polygamie, aussi commune dans l'Afrique païenne que dans l'Afrique mahométane, n'est pas accompagnée de ces précautions jalouses, réduites en système chez les Maures. Dans presque toute l'Afrique païenne les femmes ; suivant le rapport des voyageurs les mieux instruits, jouissent à peu près de la même liberté que les Européennes, et n'en abusent presque jamais ; mais l'exemption de travail, l'oisiveté, qui sont le partage des femmes enfermées dans les harems des Maures, sont inconnues dans ces contrées : les femmes africaines partagent avec les esclaves les plus rudes travaux ; chacune d'elles possède toutefois sa petite maison, et tout ce qu'elle contient étant le fruit de son industrie, est considéré comme sa propriété particulière. Les Nègres paraissent avoir quelque idée vague de la religion naturelle; mais le fétichisme exerce, en général, un grand empire parmi eux. La croyance aux agens surnaturels, croyance si profondément enracinée dans le cœur humain, jointe à l'ignorance grossière des Africains, ouvre un champ libre à l'imposture ; aussi voit-on, dans ces contrées, un grand nombre de fourbes qui, favorisés par la superstition, jouissent d'une influence prodigieuse, et extorquent des présens considérables. La magie et le fétichisme sont employés, dans la plupart des états, comme moyen de gouvernement, et servent à retenir les peuples sous le joug.

Le portrait que nous venons de tracer est fidèle en général ; cependant nous pensons que le caractère et l'état social des Nègres résultent, non de leur nature propre, mais seulement de leur ignorance, de la forme de leur gouvernement, de la facilité avec laquelle ils se procurent toutes les nécessités de la vie, et d'autres causes extérieures qui influent sur le moral de l'homme; en effet, on trouve en diverses régions du continent africain, des peuplades totalement différentes de mœurs et de caractère. Les tribus semi mahométanes, les Jalofs, les Foulhas, les Haoussans surpassent les autres Nègres, soit par les formes extérieures, soit par la vivacité de l'intelligence et l'énergie du caractère ; d'autres tribus ne conservent pas même trace de cette douceur naturelle et générale parmi les Nègres. En admettant quelque exagération dans les portraits que les voyageurs ont tracés des Giagas, des Gallas et des Dahomiens, ne reste-t-il pas prouvé que ces peuplades sont les plus grossières et les plus féroces de l'univers? Les similitudes observées entre la plupart des nations nègres semblent donc devoir être attribuées à l'influence d'un même genre de gouvernement, de sol, de climat ;

plutôt qu'à des caractères propres à la race.

En avançant vers le midi, la couleur noire s'affaiblit graduellement et se change en cette même couleur brune ou cuivrée qui distingue les habitans de l'Afrique septentrionale. Mais les mœurs et les institutions des tribus méridionales diffèrent, de tout point, de celles du nord. Les Boshuanas, les Caffres, les Hottentots forment les principales divisions parmi les habitans de cette partie de l'Afrique. Nous croyons n'avoir rien à ajouter aux détails contenus dans notre chapitre de l'Afrique méridionale.

Les *Gouvernemens* africains sont très-variés ; l'islamisme établi dans tout le nord est peu compatible avec une véritable et régulière liberté. Aucune loi fixe, aucune institution solide n'enchaînent le pouvoir souverain ; cependant le caractère turbulent du peuple, l'absence de toute règle pour l'ordre de succession, rendent ce pouvoir débile et précaire. Un long règne, une mort naturelle passent pour un phénomène prodigieux dans l'histoire d'un prince barbaresque. Ils ont cependant secoué le joug des Turcs; à Maroc, à Tripoli les souverains maintiennent à présent leur autorité au moyen d'une force militaire composée de Nègres esclaves tirés du Soudan.

Les tribus indigènes, fixées dans les montagnes ou dans les déserts, offrent quelques traces du gouvernement républicain; une royauté élective semble prévaloir dans l'Afrique orientale. A Bornou, Cassina, Sennaar, etc., le souverain doit être pris dans la famille royale : mais c'est le plus populaire, le plus audacieux ou le plus heureux des princes qui monte sur le trône vacant. Le despotisme pèse sur l'Abyssinie : mais l'autorité excessive des chefs et des gouverneurs de provinces a réduit presque à rien le pouvoir royal; dans cette contrée, le monarque n'est qu'un instrument dans les mains de celui qui dispose de plus de troupes.

Parmi les tribus indigènes placées dans la grande division australe de l'Afrique, ces variétés se multiplient à l'infini, et passent par toutes les gradations depuis le plus parfait républicanisme jusqu'au despotisme le plus absolu. Les Mandingos et la plupart des tribus établies sur le Sénégal et la Gambie jouissent d'un gouvernement mixte auquel le peuple prend la plus grande part ; l'aristocratie domine à la Côte-d'Or ; les grands états de l'intérieur, Ashienty, Aquamboa et Dahomey obéissent à des monarques absolus : presque tous les états du Congo et de Loango offrent une combinaison de monarchie et d'aristocratie assez semblable à l'ancien système féodal européen.

Si nous examinons maintenant l'état des *sciences* et des *arts* dans ce vaste continent, nous les trouverons ou dans une enfance ou dans une décrépitude complètes. La décrépitude est le partage de l'Afrique septentrionale ; à peine y retrouve-t-on la trace de son savoir antique, et cependant cette trace, presqu'imperceptible, est la source unique d'où les connaissances découlent dans l'intérieur de l'Afrique. Les naturels n'ont pas d'autre langage écrit que celui qu'ils apprennent des Maures, et jamais ils n'ont essayé de suppléer à leur ignorance même par l'invention des plus grossiers hiéroglyphes. L'Abyssinie doit aussi tout ce qu'elle sait, à des sources étrangères.

L'*architecture*, par les commodités qu'elle procure en particulier, la splendeur qu'elle donne aux états, tient un des premiers rangs parmi les arts et fut de tout temps cultivée par les nations civilisées. L'Assyrie et l'Egypte enfantèrent des monumens, chefs-d'œuvres de talent tout à la fois, de patience et d'industrie, dans un temps où les autres sciences sortaient à peine de l'enfance. L'architecture, comme art, est entièrement inconnue en Afrique, et, sans les ouvrages des Egyptiens et des étrangers, il n'existerait aujourd'hui pas une seule maison de pierre dans toute l'étendue de ce vaste continent. Les habitations sont des huttes construites en terre, couvertes en feuilles ou en branchages entrelacés ; si le besoin l'exige, on augmente le nombre des huttes, et on les entoure d'une clôture circulaire. Les palais des princes africains ne sont pas autre chose, et ressemblent à des villages misérables. Il suffit d'une semaine pour bâtir une ville africaine, d'une heure pour la détruire ; aussi quand la crainte d'une invasion, quand l'épuisement de la contrée l'exigent, souvent par le plus léger motif, par caprice même, on transporte facilement les plus grandes villes d'un lieu dans un autre.

Les progrès d'une nation dans l'*agriculture* servent, en général, à mesurer ses progrès dans la civilisation. Tous les indigènes, à quelques exceptions près, cultivent la terre : mais, aucun d'eux ne connaît la charrue ni aucune machine analogue; aucun d'eux ne sait tirer parti des animaux domestiques pour l'agriculture, dont tous les travaux se font à la main, aidée de quelque instrument grossier. Généralement la culture s'étend à peu de distance des villes et des villages ; le reste du sol est couvert de forêts. Dans presque tous les cantons, il existe des landes inoccupées, appartenant au souverain ou à la communauté, et qui sont concédées gratuitement à quiconque veut en entreprendre le défrichement. Ces observations ne s'appliquent ni aux contrées qui bordent la Méditerranée ni à l'Abyssinie : dans ces deux régions la science agricole a survécu aux révolutions des empires, et, quoique moins perfectionnée qu'en Europe, suit les mêmes principes.

L'industrie manufacturière exige plus de

temps, de soins et d'étude; il ne faut pas s'attendre à la trouver en Afrique. Les états de la côte septentrionale en cultivent quelques branches dans lesquelles ils excellent. Leurs cuirs, leurs tapis, leurs ceintures, leurs mouchoirs de soie sont estimés même en Europe : mais, à l'exception des cuirs, les indigènes de l'intérieur ne produisent rien qui vaille la peine d'être exporté. Les objets d'importation sont aussi très-bornés. Le forgeron leur fournit non-seulement les instrumens du labourage, mais les armes des guerriers et les parures les plus recherchées des femmes; aussi est-ce un personnage très-important et très-considéré dans l'intérieur de l'Afrique. Ces forgerons se servent d'outils très-simples avec une adresse étonnante. On fabrique, dans certains cantons de l'Afrique centrale, des tissus de coton d'une grande beauté.

Le *commerce* forme le trait principal des nations africaines. Nous n'entendons pas, toutefois, parler du commerce étranger auquel, l'Egypte exceptée, l'Afrique prend peu de part. L'isolement de ce vaste continent, le défaut de mers intérieures et de grands archipels opposent, dans le fait, des obstacles presqu'insurmontables au développement du commerce extérieur; mais dès les premiers siècles, et surtout depuis l'entrée des Arabes, le commerce traversa l'Afrique dans tous les sens, atteignit les côtes les plus reculées, pénétra dans les profondeurs des déserts. Il dut cette facilité à l'introduction du chameau que les Arabes appellent emphatiquement : « Le vaisseau du désert ; » animal que la nature semble avoir créé tout exprès et doué de toutes les qualités nécessaires pour servir aux communications des peuples séparés par l'immensité des déserts africains. Les marchands eux-mêmes sont formés dès l'enfance aux privations, endurcis aux fatigues, préparés aux dangers de ces redoutables voyages; ils se réunissent presque toujours en cafilehs ou *caravanes* nombreuses, soit pour charmer la longueur et l'ennui de la route, soit pour être moins exposés aux agressions des brigands. Du lait de chameau, de la farine d'orge ou du bled d'Inde, quelques dattes composent ordinairement toute la nourriture de la caravane; les plus riches emportent des viandes séchées et du café pour leur usage. L'eau est précieusement conservée dans des outres goudronnées, insuffisantes quelquefois pour en empêcher l'évaporation. On fait une halte de plusieurs jours à chaque oasis, arrosée de sources, pour y prendre du repos et renouveler les provisions d'eau. Le plus affreux malheur que puisse éprouver une caravane, c'est de trouver une de ces sources desséchée par des chaleurs extraordinaires. Un accident semblable fit, dit-on, périr, en 1798, une caravane entière, composée de deux mille personnes et de dix-huit cents chameaux. Les sables mouvans, soulevés en masses énormes par les vents du désert, ne sont pas moins terribles; cependant M. Browne prétend qu'ils ne sont pas capables d'ensevelir une caravane entière, et que les voyageurs qui supposent la réalité de cette catastrophe ont été trompés par les sables qui se sont amoncelés successivement sur les cadavres d'hommes et d'animaux tués au milieu du désert par d'autres causes.

Le Caire envoie trois caravanes dans

l'intérieur de l'Afrique; une se rend à Sennaar, quelquefois par la route de Syène, à travers le désert de Nubie à Gerri, route qu'a suivie Bruce ; quelquefois aussi elle se dirige sur Monfalout, et, passant par El-Wah, Sheb et Selyme, rejoint le Nil à Moscho. Poncet accompagna cette dernière caravane. La seconde est destinée pour Darfour et suit, jusqu'à Selyme, la même route que la précédente, puis se dirige vers le midi en inclinant légèrement à l'ouest. Ces deux caravanes partent une fois seulement tous les deux ou trois ans, et n'excèdent presque jamais cinq cents personnes. La troisième, plus considérable, part pour Mourzouk tous les ans, et sert à entretenir les communications du Caire avec toutes les contrées centrales et occidentales de l'Afrique. Siwah, l'antique Ammon, et Augila sont les deux principales stations de cette route qui dure environ quarante jours. De Fezzan, deux grandes caravanes se rendent l'une à Bornou, l'autre à Cashna ou Cassina; la première arrive à sa destination en cinquante jours à travers les déserts de

Bilma et de Tibesti, la seconde en soixante jours en prenant par Ganah et Agadez. De Cashna une grande partie des marchands continue sa route, traverse le Niger sur un bac au passage de Gongou, et s'avance, en longeant les montagnes, vers le sud, aussi loin qu'Ashienty. De toutes les caravanes, la plus nombreuse est celle de Maroc; elle se réunit à Tatta ou Akka, et de là se dirige, au sud-est, vers Tombuctou. Ce voyage dure cent vingt-neuf jours, dont plus de la moitié est consacrée au repos. Quelquefois cette caravane préfère la route plus longue du bord de la mer.

En faisant l'énumération des principaux objets du commerce africain, nous éprouvons du regret d'avoir à citer en première ligne un trafic honteux et dégradant pour l'humanité, celui des esclaves. L'*esclavage* est général en Afrique; mais cet esclavage, dans l'intérieur de la contrée, est très-doux lorsqu'on le compare au sort des esclaves dans les colonies européennes: l'esclave repose sur la même natte, mange à la même table et les mêmes mets que son maître; il s'entretient avec lui comme avec son égal, et n'est assujetti qu'à un travail facile et modéré. Dans l'Afrique septentrionale, l'esclavage est plus rude ; il enlève le Nègre à son pays, à sa maison, à toutes ses habitudes, à tous les plaisirs de sa jeunesse. Tantôt domestique, tantôt gardien ou satellite, il est cependant traité avec indulgence, souvent même avec faveur ; quelquefois un caprice de la fortune l'élève au premier rang près d'un despote auquel les instrumens serviles plaisent toujours. Mais l'esclavage, dans les Indes occidentales, fait peser, sur le malheureux Nègre, des maux et des tourmens sans nombre. On use, on épuise la victime pour en tirer le plus grand parti possible, car la facilité avec laquelle on répare la perte des esclaves empêche le planteur d'attacher du prix à leur conservation. L'Angleterre, la France et l'Amérique, en abolissant la traite, ont, sous ce rapport, produit déjà un bien immense. Nous savons de bonne source, que le sort des esclaves s'est grandement amélioré dans les Indes occidentales depuis cette époque. Il est vrai que la traite des esclaves a beaucoup augmenté en Espagne et en Portugal, et qu'au total elle n'a pas essentiellement diminué ;

mais il est consolant, du moins, de penser que le Code noir espagnol est rédigé avec un esprit de justice et d'humanité qui n'avait pas présidé à ceux des autres nations européennes. On peut même regarder l'importation d'une race nouvelle destinée à peupler les solitudes de l'Amérique méridionale, comme une opération qui, sous certains rapports, présente quelques avantages pour la société en général.

Du reste, nous croyons qu'on a beaucoup exagéré le nombre des esclaves tirés de l'Afrique; voici un calcul assez exact, donné par M. Norris en 1788:

	Esclaves.
Gambie.	700
Iles de Los.	1,500
De Sierra Leone au Cap Mont.	2,000
Du Cap Mont au Cap Palmas.	3,000
Du Cap Palmas au Cap Apollonia.	1,000
Côte d'Or.	10,000
Quilta et Popoe.	1,000
Wydah.	4,500
Porta Nova, Eppac et Bidagry.	3,500
	27,200

	Esclaves.
De l'autre part.	27,200
Lagos et Benin.	3,500
Bonny et le Nouveau Calabar.	14,300
Vieux Calabar.	7,000
Gabou et Cap Lopez.	500
Laonga, Malemba et Cabenda.	13,500
Mayomba, Ambriz et Missoula.	1,000
Laongo, Saint-Paul et Benguela.	7,000
Total.	74,000

Ces esclaves étaient répartis de la manière suivante :

Angleterre.	38,000
France.	20,000
Hollande.	4,000
Danemarck.	2,000
Portugal.	10,000
Total.	74,000

L'*or* a toujours été un objet important du commerce africain. Wadstrom évalue à trois cent mille livres environ, ce qu'on en exportait de la Côte d'Or au commencement de ce siècle ; on peut supposer qu'on en tire au moins une égale quantité de Manding et de Bambouk. L'or de

Wangara s'écoule par l'Egypte et le nord de l'Afrique. Mosambique en fournit une quantité considérable. Les naturels l'emploient, en outre, avec profusion, en colliers, en bracelets, anneaux et autres ornemens : on ne peut guères, d'après cela, estimer le produit à moins de deux millions.

L'*ivoire* est un autre objet d'exportation considérable. Les vastes plaines et les forêts voisines des rivières sont peuplées d'éléphans auxquels les habitans font une guerre continuelle. Des caravanes apportent, à travers le désert, les dents d'éléphans au Sénégal, à la Gambie, à la Côte d'Or, au Congo, à Mosambique. L'Abyssinie fournit aussi de l'ivoire. Les naturels s'en servent généralement pour leur parure.

L'Afrique exporte encore d'autres objets très-recherchés, particulièrement les gommes du Sénégal, tirées de la partie du désert qui borde ce fleuve ; des cuirs travaillés, des peaux de chèvre teintes en rouge et en jaune, des cuirs et des peaux crus, de la cire, de l'huile de palmier, des bois de teinture et d'ornement.

Les objets d'importation en Afrique, les plus avantageux, sont les eaux de vie, le tabac, les armes, la poudre à tirer, la coutellerie, le sel, les toiles, les étoffes de laine, les cotonnades, la quincaillerie, les cauris et les verroteries.

CHAPITRE X.

LISTE DES PRINCIPAUX AUTEURS
QUI ONT ÉCRIT SUR L'AFRIQUE.

Anciens.

Hérodote. — Strabon. — Diodore de Sicile. — Ptolémée. — Pline. — Pomponius Mela. — Dionysius. — Aethicus. — Solinus. — Hannon. — Scylax. — Arrien. — Agatharchides.

Ouvrages modernes sur la Géographie ancienne de l'Afrique.

SCHLEGEL. Geographia Homerica; in-8°. Hanoveræ 1788.
SCHLICHTHORST. Geogr. Homeri; in-4°. Goettingæ 1787.
CAMPOMANES. Antiquedad maritima de Carthago, in-8°.
Mémoires de l'Académie des Inscriptions; VII. 79.
BOUGAINVILLE. Mémoires sur les découvertes faites le long des côtes d'Afrique par Hannon; *ibid.* XXVI, 10. Wesseling et Gronov. *Conf.*
DANVILLE. Mémoires sur les rivières dans l'intérieur de l'Afrique; *ibid.*, XXVI, 64.

Idem. Dissertation sur les Sources du Nil; *ibid.*, XXVI, 46.

Idem. Mémoires sur l'Égypte. Paris, 1766.

D'Origny. L'Égypte ancienne. Paris, imprim. royale. 1766, in-4°., cartes.

Kosmann. Alte Erdbeschr.; 1ᵉʳ vol. Breslau, 1786.

Rennell (Major). Geographical system of Herodotus explained and illustrated; in-4°. London, 1796.

Vincent (Docteur.) On the Periplus of the Erythrean sea; 2 vol. in-4°. London.

Gosselin. Recherches sur la Géographie des Anciens; 4 vol. in-4°. Paris, 1790.

Mannert. Geographie der Griechen und Roemer Nürnberg; 1788 et suiv.

Heeren. Ideen über die Politik, den Verkehr, etc., der Alten Welt; in-8°. Goettingen.

Auteurs arabes.

Edrisi. Africa; édition de Gœttingue, in-8°., 1796, par Hartmann. *Conf.*

Kurzmann. De Africa geographi Nubiensis, dans Paulus Memorabilien; et

Geographia Nubiensis. . . . Ex arabico in latinum versa à Gabriele Sionita et Joanne Hesronita. Parisiis, 1619.

Le terme *geographia nubiensis* est impropre; Hartmann a prouvé qu'il n'avait aucun fondement.

Abulfedæ Africa, arabicè et latinè, curante J. G. Eichhorn. Gottingæ, in-8°. 1791.

Idem. Descriptio Egypti, arabicè et latinè; ed. Jo. Dav. MICHAELIS; in-4°. Gottingen, 1776.

Idem. Beschr. des südl. Africa oder der Negerlænder, publié par RINK pour servir de supplément à : Macrizi Historia regum Islamiticorum in Abyssinia. Leyden, 1790.

Idem. Tabulæ quædam geographicæ, etc., par RINK; Leipzig, 1791, contenant entre autres *fretum barbaricum* et les îles de l'Océan occidental.

Idem. Beschr. vom westl. Africa, (Mogreb ou Mauritanie); par EICHHORN. Goettingen, 1791.

SCHEABEDDIN. Excerpta memoria dignissima ex Historiâ universali.

IBN-AL-VARDI. Unio miraculorum.

JACUTI, meliùs BAKUI. Expositio rerum Memoriâ dignarum et miraculorum omnipotentis.

Les trois derniers livres n'ont jamais été imprimés; mais de Guignes et M. Silvestre de Sacy en ont donné d'intéressans extraits dans les *Notices des Manuscrits de la Bibliothèque du Roi*, tom. II. Paris, 1789.

ABDOLLATIPH. Compendium rerum memorabilium Egypti, arabicè et latinè; ed. Jo. White, publié avec une préface du prof. Paulus. Tubingen, 1789; traduit en allemand, et enrichi de notes, par Wahl; Halle, 1790.

MURTADI. L'Égypte, traduit par Vallier, in-12. Paris, 1666. *Conf.*

QUATREMÈRE. Mémoires sur l'Égypte et sur quelques contrées voisines; 2 vol. Paris, 1811.

Mohammed Ebn Batuta. De ejus itineribus commentatio academ. ed. J. G. L. Kosegarten. Jenæ, 1818.

Leo Africanus. Africæ descriptio; in-12. Lugd. Batav. 1632. Elzevir. *Conf.*

D'Herbelot. Bibliothèque orientale. La Haye, 1777 à 1778, 4 vol. in-4°. et

Assemann. Bibliotheca orientalis. Romæ, 1719 à 1728, 4 vol. in-folio.

Ouvrages modernes. Descriptions générales.

Marmol, Luis Carajevol. Descripcion general de Africa; 3 vol. in-fol., Grenada, 1573.

Ouvrage tiré principalement de Léon et des navigateurs portugais. Il en existe une traduction de Perrot d'Ablancourt.

Dapper. Description exacte des diverses contrées de l'Afrique; traduit du hollandais en français, in-fol. Amsterdam, 1686.

Ogilby, John. Africa, etc. London, in-fol., 1670.

C'est, en quelque sorte, une traduction de Dapper.

De la Croix. Relation universelle de l'Afrique, 4 vol. in-12. Lyon, 1688 et 1713.

Bruns. Neue systematische Erdbeschreibung von Africa. 6 vol. in-8°. Francfort et Nuremberg, 1793 à 1799.

Dorhek. Neue Erdbeschr. von ganz Africa; in-8°. Francfort, 1789 et suiv.

Lamiral. L'Afrique et le peuple Africain. Paris, 1789.

Forster. Neue Beytræge zur Kenntrifs von Africa. Berlin, 1794.

Kant. Physische geographie; 4 vol. in-8°. Hambourg, 1805.

Africain Researches, or Proccedings of the Asociation sor promoting the discovery; 2 vol. in-4°. Londres, 1802.

Egypte.

Viagio da Venetia al Santo Sepulchro et al Monte Synai, etc., etc.; stampato in Venetia, 1523, in-8°.

Martyre (Pedro). Relazione delle cose notabili della provincia dell' Egypto; in-8°. Venice, 1564.

Greave (John). Description of the Pyramids, etc. Au commencement de la collection de Thévenot.

Wansleb. (P.). Relation d'un Voyage en Egypte; in-12. Paris, 1678.

Lucas. Troisième Voyage en 1714; 3 vol. in-12. Rouen, 1719.

Maillet. Description de l'Égypté, composée sur ses Mémoires. 2 vol. in-12. Paris, 1741.

Pococke. Description of the East, etc.; 2 vol. in-4°. London, 1743.

Granger. Relation d'un Voyage fait en Egypte, l'an 1740; in-12. Paris, 1745.

Norden. Travels in Egypt and Nubia. Copenhagen. 2 gros vol. in-folio, 1755.

Eton. Survey of the Turkish Empire. London, 1798.

Savary. Lettres sur l'Égypte; 3 vol. in-8°. Paris, 1786.

Volney. Voyage en Syrie, Egypte, etc.; 2 vol. in-8°. Paris, 1800.

Sonnini. Voyage dans la Haute et Basse-Égypte; 3 vol. in-8°. Paris, 1799.

Girard. Tableau de l'Égypte, pendant le séjour de l'armée française; 2 vol. in-8°. Paris, 1803.

Larrey. Rel. hist. et chir. de l'expédition de l'armée d'orient en Égypte, etc.; in-8°. Paris, 1803.

Denon. Voyage dans la Haute et Basse-Égypte; 2 vol. grand in-folio, 1802.

Mayer (Luigi). Vues d'Égypte, in-fol. London, 1802.

Antes. Observations on the manners and customs of the Egyptians; in-8°. London, 1804.

Hamilton. Egyptiaca; in-4°. London, 1809.

Description de l'Égypte, publiée par ordre de Napoléon, in-folio. Paris, 1806.

Ouvrage aussi magnifique par l'exécution, qu'intéressant par les précieux mémoires qu'il contient.

Davison. Obs. rel. to the Antiquities of Egypt. London, 1817.

Legh. Narrat. of a Journey in Egypt and the Country beyond the cataracts; in-4°. London, 1816.

Light. Travels in Egypt, Nubia, etc., in-4°. London, 1818.

Bramsen. Travels in Egypt., etc., in-8°. 2 vol. London, 1819.

Paw. Recherches philos. sur les Égyptiens; 2 vol. in-8°. Berlin, 1773.

HARTMANN. Paschalik Ægypten; in-8°. Hambourg, 1799.

BROWNE. Travels in Egypt and Syria and to Darfur; in-4°. London, 1799.

HORNEMANN. Journal of travels from Egypt to Fezzan; in-4°. 1803.

FITZCLARENCE. Journal of a route from India through Egypt, etc., in-4°. London, 1818.

BURCKHARDT. Travels in Nubia, etc., in-4°. London, 1820.

BELZONI. Narrative of the recent discoveries within the pyramids, etc., in Egypt and Nubia, in-4°. London, 1826.

Barbarie.

SHAW (Thomas). Travels or observations relating to several parts of Barbary and the Levant; in-folio, 2 vol. 1738. — Supplément; in-fol. Oxford, 1746.

CHÉNIER. Recherches historiques sur les Maures, etc.; 3 vol. in-8°. Paris, 1788.

LE ROY. État général et particulier du royaume et de la ville d'Alger. La Haye, 1750.

HOEDO. Topographia y Historia general de Argel; in-fol. Valladolid, 1612.

DAN (Pierre). Histoire de Barbarie et des corsaires d'Alger, de Tunis, etc.; in-fol. Paris, 1649.

ARANDA (Emmanuel d'). Histoire de sa captivité à Alger; in-12, 1657. La Haye.

LAUGIER DE TASSY. Histoire du royaume d'Alger; in-12. Amsterdam, 1725. Paris, 2 vol. in-12, 1787.

Pananti. Narrative of a residence in Algiers; in-4°. London, 1818.

Brooks. Navigation faite en Barbarie. Utrecht, in-8°. 1737.

Blaquiere (Edward). Letters from the Mediterranean; 2 vol. in-8°.

Curtis (Jam). Journal of travels in Barbary; in-8°. London, 1803.

Mac-gill. Account of Tunis, in-8°. Glascow, 1811.

Tully (R.) Narrative of a ten years residence at Tripoli, etc.; in-4°. London, 1816.

Lyon. Narrative of travels from Tripoli to Mourzouk, in-4°. London, 1821.

Keatinge (Col.). Travels in Europe and Africa; in-4°. London, 1816.

Hogan and Robert. Embassies to Marocco. (Hackluyt's collection, vol. II.)

Frejus (Roland). Relation d'un Voyage fait en 1666, à Maroc et à Fez; in-12. Paris, 1670.

Addisson (Lancelot). West Barbary, etc.; in-8°. London, 1771.

Mouette. Relation de sa captivité; in-12. Paris, 1683.

Puerto. Mission historial de Marruecos. Seville, 1708, in-folio.

Voyage pour la rédemption des Captifs, etc., fait en 1720. Paris, 1721, in-12; fig.

Menezes. Historia de Tanger, etc., Lisbon, 1732, in-folio.

Olon (Saint-Pierre). Relation de l'empire de Maroc; in-12. Paris, 1694.

Busnot (Le Père). Histoire du règne de Muley Ismaël, etc. Rouen, 1714, in-12.

Windhus (John). Journey of Mequinez; in-8°. London, 1725.

Histoire de l'empire des Chérifs en Afrique, etc. Paris, 2 vol. in 12, 1733.

Torres (Diego de). Relacion del origine et successo de los Teriffos, etc, de Fez y Marroceros y Tarudente; in-4°. Seville, 1586.

Hoest. Efferitningen om Marokos och Fez, etc. Copenhagen, 1779.

Poiret. Voyages en Barbarie, etc.; 2 vol. in-8°. Paris, 1789.

Jardinet. Letters from Barbary, etc.; 2 vol. in-8°. London, 1789.

Lempriere (William). Tour from Gibraltar to Tangier, etc., in-8°. London, 1791.

Akrel. Bref om Moroko; in-8°. Stockholm, 1796.

Haringman. Dag-journal von een verbleef, etc., in Marokko, en Landreize naar Mequinez. Hag. 1803.

Jackson (J. G.). Account of the empire of Morocco; in-4°. London, 1889.

Ali-Bey. Travels in Morocco, etc.; 2 vol. in-4°. London, 1816.

Adams (Robert). Narrative of Travels in the interior of Africa; in-4°. London, 1816.

Riley (James). Loss of the Am. brig commerce, etc.; in-4°. London, 1817.

Paddock. Narrative of the shipwreck of the Oswego. London, 1818, in-4°.

Côtes occidentales.

Travels. — By Windham, Lock, Tounson, Fenner, Reid and Newton (all in Hackluyt's collection).

CADAMOSTO. Libro de la prima Navigazione per Oceano a la Terra de Negre, de la Bassa Ethiopia, etc.; traduction française de 1508.

JOBSON. Golden Trade, etc.; in-8°. London, 1623.

RAZILLY. Voyages d'Afrique, etc.; Paris, 1632, in-12.

JANNEQUIN. Voyage de Libye, in-8°. Paris, 1645.

LE MAIRE. Voyage aux îles Canaries, Cap-Vert, au Sénégal et à la Gambie, en 1682. Paris, 1695, in-8°.

LABAT. Nouvelle relation de l'Afrique occidentale; 5 vol. in-12. Paris, 1728.

BLUET. Memoirs of Job-Ben-Salomon, high priest of Bonda; in-8°. 1734.

MOORE. Travels in the iland of Africa; in-4°. London, 1738, in-8°., 1742.

ADANSON. Histoire naturelle du Sénégal, etc. Paris, 1757.

DUMANET. Nouvelle histoire de l'Afrique française; 2 vol. in-12. Paris, 1767.

PRUNEAU DE POMMEGORGE. Descr. de la Nigritie, in-8°. Amst. et Paris, 1788.

SAUGNIER. Relation de plusieurs voyages entrepris à la côte d'Afrique; in-8°. Paris, 1791.

LABARTHE. Voyage au Sénégal, d'après les Mémoires de La Jaille. Paris, 1802.

DURAND. Voyages au Sénégal; in-4°. Paris, 1802.

BRISSON (Histoire du naufrage et de la captivité de). Genève et Paris, 1789.

Golberry. Fragmens d'un voyage en Afrique; 2 vol. in-8°. Paris.

Mollien. Voyage aux sources du Sénégal et de la Gambie, fait en 1818. Paris, 1820.

Elucidations of the African geography, from the communications of major *Houghton* and M. *Magra;* in-4°. London, 1793.

Park (Mungo.) Travels through the interior parts of Africa. London, 1801, 1814, 2 vol. in-8°.

Robertson. Notes en Africa, particularly those parts which are situated between Cape Verd and the river Congo, in-8°. Sherwood, 1819.

Lopez. Relazione del Reaume di Congo, etc.; in-4°. Rome, 1591. Très-rare; il en existe une traduction latine qui forme la première partie des voyages de De Bry.

Battell (Andrew). Strange adventures, (in Purchas, vol. II, liv. 7).

Carli. Viaggio, etc., nel Regno del Congo; in-12. Re... , 1672. Bologna, 1678.

Cavazzi (Antonino). Descrizione del tre regni, Congo, Matamba, Angola; in-folio. Bologna, 1687.

Labat. Ethiopie occidentale; tom 5 in-12. Paris, 1732.

Merolla. Relazione, etc., di Congo. Naples, in-4°. 1692.

Proyart (l'abbé). Histoire de Loango, Congo, etc.; in-12. Paris, 1776.

Barbot. Description of the coast of north and south Guinea (Curchill's collection).

Villant. Description des côtes d'Afrique appelées Guinée; in-12. Paris, 1669.

Bowdich. Mission from Cape Coast Castle to Ashantee in-4°. London, 1819,

D'Elbée. Journal d'un voyage au royaume d'Ardra; in-12. Paris.

Snelgrave (Villiam). Account of some parts of Guinea, etc.; in-8°. London, 1727.

Lindsay (John). Travel to the Coast of Africa, etc. London, 1759; in-4°., fig.

Roemer. Nachr. v. d. Küste von Guinea; in-8°. Kopenhagen, 1719.

Isert. Nouveau voyage en Guinée, traduit du Danois; 1793.

Dalzel (Archibald). History of the country of Dahomy. London, 1789; in-8°.

Norris. Voyage to the country of Dahomy; in-8°. London, 1790.

Mathews. Voyage to the river Sierra Leone; in-8°. London, 1788.

Wadstrom. Essay on Colonization; in-4°. London, 1794.

Winterbottom. Account of the native Africans; 2 vol. in-8°. London.

Beaver (Captain). African memoranda; in-4°. London, 1805.

Meredith. Description of the Gold Coast, etc.; in-8°. London, 1812.

Degrandpré. Voyage à la Côte occidentale d'Afrique; in-8°. Paris, 1801.

Tuckey. Narrat. of an exped. to explore the Zaire, usually called the Congo, in-4°. London, 1818.

Côte méridionale.

BREYER Reise-Beschreibung von 1669, etc.; in-8°. Leipzig, 1681.

TEN RYNNE. Schediasma de promontorio Bonæ-Spei, etc.; in-8°. Schaffhaussen, 1686.

KOLBEN (Peter). Description du Cap, etc.; traduit du hollandais; 3 vol. Amsterdam, 1741.

LA CAILLE. Journal d'un Voyage au Cap, etc.; in-12. Paris, 1763.

THUNBERG. Voyage to Japan, etc.; 4 vol. in-8°. 1795.

SPARMAN. Voyage au Cap, etc., traduit du suédois; 2 vol. in-4°. 1787.

PATERSON. Narrative of a Journey in to the country of the Hottentots; in-4°. London, 1789.

LEVAILLANT. Premier et deuxième Voyages dans l'intérieur de l'Afrique; 5 vol. in-8°. Paris, 1795.

RIOU. Journey in search of the Grosvenor; in-4°. London, 1792.

BARROW. Account of travels in to the interior of Southern Africa; in-4°. London, 1801.

PERCIVAL (John). Account of the Cape of Good-Hope; in-4°. London, 1804.

Gleanings in Africa; in-8°. London, 1806.

CAMPBELL (John). Travels in South Africa; in-8°. London, 1815.

LICHTENSTEIN (Heinrich). Reisen im südlichen Africa; 2 vol. in-8°. Berlin, 1812.

ALBERTI. Die Kasterff auf der Südküste von Afrika, in-8°. Gothia, 1815.

Côtes orientales.

SANTOS (Joao de). Ethiopia oriental varia historia, etc., in-fol. E. Evora, 1607; traduit en français, in-8° Paris, 1684.

SALT (Henri). Voyage to Abyssinia, etc.; in-4°. London, 1814.

BORY DE SAINT-VINCENT. Voyage dans les quatre principales îles des mers d'Afrique; 3 vol. in-8°. Paris.

CHARPENTIER COSSIGNY. Moyens d'améliorer les Colonies, 3 vol. in-8°. Paris, 1803.

POIVRE. Voyages d'un philosophe; in-8°. Paris.

BROOKE. Description historique de l'île Sainte-Hélène; traduit par MM. Cohen et Malte-Brun; in-8°. Paris.

Abyssinie.

ALVAREZ. Verdadeira informaçaon di Ethiopia, etc.; in-folio. Lisbon., 1540.

URRETA. Historia ecclesiastica, politica, etc., de la Ethiopia; in-4°. Valentia, 1610.

GOEZ. De fide, religione, moribusque Ethiopium; in-8°. Louvain, 1540.

GODIGNY (Jésuite). De Abyssinorum rebus atque Ethiopiæ patriarchis, etc., libri tres; in-8°. Lyon, 1615.

SANDOVAL (Le père). Naturaleza, etc., de todos Etiopes; in-4°. Sevilla, 1627.

Tellez et Almeida. Historia general de Ethiopia, in-folio, 1650.

Autre édition. Coïmbre, 1660. Très-rares.

Lobo (Hieronimo). Historia de Ethiopia; in-folio. Coïmbre, 1559; traduit par Legrand en français avec des notes et une excellente carte de d'Anville.

Ludolphus. Historia Ethiopiæ, in-folio. Francfort; 1681.

Wyche. Relation of the River Nile, in-12. London, 1673.

Baratti. Travels in Abyssinia, in-8°. London, 1670.

Poncet. Relation d'un Voyage en Éthiopie. (Lettres édifiantes, quatrième recueil.)

Heyling (Peter). Sonderbarer Lebenslauf und Reise nach Ethiopien durch J. T. Michaelis; in-8°. Halle, 1724.

Bruce (James). Travels, etc., 5 vol in-4°. Edinburg, 1788.

Valentia. Voyages and travels, etc.; 3 vol. in-4°. London, 1809.

FIN DU QUATRIÈME VOLUME.

TABLE

DES CHAPITRES

Contenus dans le quatrième volume.

Chap. Ier. *Expédition au Zaïre.*

Introduction. — Capitaine *Tuckey.* — Départ. — Arrivée à *Malemba.* — Entrée dans le *Zaïre.* — Pointe *Requin.* — Voyage sur le fleuve. — *Embomma.* — *Noki.* — Cataractes. — Trajet par terre. — *Inga.* — *Mavounda-Bouya.* — Retour. — Catastrophe.   page 1

Chap. II. *Afrique méridionale.*

Le cap de Bonne-Espérance. — Kolben. — Lacaille. — Sparmann. — Le Vaillant. — Barrow. — Trutter et Sommerville. — Cowan. — Lichtenstein. — Campbell. — Burchell.   38

Chap. III. *Côte orientale.*

Voyage de Vasco de Gama. — Description et conquête du Zanguebar. — Etablissement de Mosambique et de Sofala. — Expéditions aux mines d'or. — Hamilton. — Salt.   89

Chap. IV.

Reconnaissance des rivières de la côte sud-est, par Smee et Hardy. 111

Chap. V. *Découvertes et voyages en Abyssinie.*

Prêtre-Jean. — Covilham. — Alvarez. — Bermudez. — Oviedo. — Payz. — Fernandez. — Lobo. — Baratti. — Poncet. — Bruce. — Observations sur ses récits. — Premier voyage de Salt. — Second voyage du même. 123

Chap. VI.

Résumé sur l'Afrique des anciens, et données sur quelques cartes modernes. 236

Chap. VII. *Précis sur les Iles.*

Açores. — Madère. — Canaries. — Iles du Cap-Vert. — Sainte-Hélène. — Mascareignes. — Madagascar. — Comores. — Amirantes et Seychelles. — Socotra. 251

Chap. VIII. *Aperçu de l'Histoire naturelle de l'Afrique.*

Minéralogie. — Roches primitives. — Roches de transition ou intermédiaires. — Roches secondaires. — Alluvions. — Minéraux trouvés en Afrique. — Zoologie. — Mammifères. — Oiseaux. — Reptiles. — Insectes. — Zoophytes. 264

Chap. IX. *État moral et politique de l'Afrique.*

Population divisée en native et étrangère.— Maures.—Barbaresques.—Coptes.—Abyssiniens.— Nègres. — Formes de Gouvernement. — Arts et Manufactures. — Commerce. —Caravanes. — Traite des Esclaves. — Tables comparatives du Commerce entre l'Angleterre et l'Afrique

Chap. X.

Liste des principaux auteurs qui ont écrit sur l'Afrique.

Fin de la table du quatrième volume.

ERRATA.

Page 258, ligne 2, *au lieu de* 62°, *lisez* 55°.
Même page, ligne 15, *supprimez* Nouv. Shetland.

www.ingramcontent.com/pod-product-compliance
Lightning Source LLC
Chambersburg PA
CBHW050256170426
43202CB00011B/1716